Edécio Fernando Iepsen

O ensino de Algoritmos apoiado por técnicas de Computação Afetiva

Edécio Fernando Iepsen

O ensino de Algoritmos apoiado por técnicas de Computação Afetiva

Detecção do estado afetivo de frustração para apoio ao processo de aprendizagem

Novas Edições Acadêmicas

Impressum / Impressão
Bibliografische Information der Deutschen Nationalbibliothek: Die Deutsche Nationalbibliothek verzeichnet diese Publikation in der Deutschen Nationalbibliografie; detaillierte bibliografische Daten sind im Internet über http://dnb.d-nb.de abrufbar.

Alle in diesem Buch genannten Marken und Produktnamen unterliegen warenzeichen-, marken- oder patentrechtlichem Schutz bzw. sind Warenzeichen oder eingetragene Warenzeichen der jeweiligen Inhaber. Die Wiedergabe von Marken, Produktnamen, Gebrauchsnamen, Handelsnamen, Warenbezeichnungen u.s.w. in diesem Werk berechtigt auch ohne besondere Kennzeichnung nicht zu der Annahme, dass solche Namen im Sinne der Warenzeichen- und Markenschutzgesetzgebung als frei zu betrachten wären und daher von jedermann benutzt werden dürften.

Informação biográfica publicada por Deutsche Nationalbibliothek: Nationalbibliothek numera essa publicação em Deutsche Nationalbibliografie; dados biográficos detalhados estão disponíveis na Internet: http://dnb.d-nb.de.

Os outros nomes de marcas e produtos citados neste livro estão sujeitos à marca registrada ou a proteção de patentes e são marcas comerciais registradas dos seus respectivos proprietários. O uso dos nomes de marcas, nome de produto, nomes comuns, nome comerciais, descrições de produtos, etc. Inclusive sem uma marca particular nestas publicações, de forma alguma deve interpretar-se no sentido de que estes nomes possam ser considerados ilimitados em matérias de marcas e legislação de proteção de marcas e, portanto, ser utilizadas por qualquer pessoa.

Coverbild / Imagem da capa: www.ingimage.com

Verlag / Editora:
Novas Edições Acadêmicas
ist ein Imprint der / é uma marca de
OmniScriptum GmbH & Co. KG
Heinrich-Böcking-Str. 6-8, 66121 Saarbrücken, Deutschland / Niemcy
Email / Correio eletrônico: info@nea-edicoes.com

Herstellung: siehe letzte Seite /
Publicado: veja a última página
ISBN: 978-3-639-83819-0

Zugl. / Aprovado/a pela/pelo: Porto Alegre, Universidade Federal do Rio Grande do Sul (UFRGS), Tese de Doutorado, 2013.

Aos meus filhos Henrique e Miguel,
minhas maiores alegrias, presentes maravilhosos de Deus!

AGRADECIMENTOS

Agradeço primeiramente a Deus, pelo maravilhoso dom da vida, por guiar os meus passos e por seu filho Jesus Cristo, nosso Senhor e Salvador.

Aos meus familiares, pelo apoio e suporte em todas as horas.

À minha orientadora no desenvolvimento desta tese de Doutorado em Informática na Educação pela UFRGS, professora Magda Bercht e ao meu coorientador, professor Eliseo Reategui – exemplos de competência e comprometimento. Seu incentivo, amizade e apoio tornaram cada uma das tarefas desta jornada ainda mais gratificantes e foram fundamentais para a conclusão deste trabalho. Muito obrigado!

À Faculdade de Tecnologia Senac, instituição onde leciono – pelo incentivo e apoio para a qualificação profissional dos seus docentes. Aos meus colegas professores, parceiros desta e de tantas outras jornadas de minha vida, meus sinceros agradecimentos.

Aos meus alunos, razão maior da busca pela qualificação. E, enfim, a todos que compartilham comigo o desejo de que a educação seja a base para uma sociedade onde impere a paz, o amor, a justiça e a compreensão entre as pessoas.

RESUMO

Este livro apresenta uma pesquisa para detectar os alunos que evidenciam sinais de frustração em atividades de ensino e de aprendizagem na área de Algoritmos, para então, auxiliá-los com ações proativas de apoio. A motivação para o desenvolvimento deste trabalho advém da dificuldade dos alunos na aprendizagem dos conceitos e técnicas de construção de Algoritmos, que se constitui num dos principais fatores que levam os cursos de formação em Computação a atingir altas taxas de evasão. Na busca por diminuir tal evasão, esta pesquisa destaca a importância de considerar os estados afetivos dos alunos, procurando motivá-los a estudar e resolver suas dificuldades de entendimento da resolução de problemas usando como suporte os sistemas computacionais. Para fins de validação da pesquisa foi construída uma ferramenta para: a) inferir o estado afetivo de frustração do aluno durante a resolução dos exercícios de Algoritmos, b) ao detectar sinais associados à frustração, apresentar recursos de apoio ao aprendizado do aluno. A inferência da frustração ocorre a partir da análise das variáveis comportamentais produzidas pelas interações dos alunos com a ferramenta. O apoio consiste na exibição de um tutorial com a resolução passo a passo do exercício no qual o aluno apresenta dificuldades e na recomendação de um novo exercício com níveis de complexidade mais lineares aos conceitos trabalhados até aquele ponto da disciplina. A partir destas ações, pretende-se auxiliar a fazer com que a frustração do aluno possa ser transformada em uma oportunidade de aprendizado. Estudos de Caso foram realizados com alunos de Algoritmos do curso de Tecnologia em Análise e Desenvolvimento de Sistemas da Faculdade de Tecnologia Senac Pelotas durante os anos de 2011 e 2012. Para identificar os padrões de comportamento dos alunos foram utilizadas técnicas de Mineração de Dados. Os resultados dos experimentos demonstraram que evidências como, o alto número de tentativas de compilação de um programa sem sucesso, o grande número de erros em um mesmo programa ou a quantidade de tempo gasto na tentativa de resolver um algoritmo, podem estar relacionadas ao estado de frustração do aluno. Além disso, em um dos experimentos foi realizado um comparativo de pré e pós-teste que demonstrou importantes avanços no aprendizado dos alunos participantes da pesquisa.

Palavras-Chave: Computação Afetiva, Ensino de Algoritmos, Estado Afetivo Frustração.

SUMÁRIO

PRÓLOGO

A ideia de abordar o ensino de Algoritmos surgiu quando percebi as dificuldades encontradas por muitos dos meus alunos ao tentar resolver os primeiros enunciados dos programas trabalhados na disciplina de Algoritmos ou Lógica de Programação. Transferir para uma linguagem computacional a resolução de um problema exige uma capacidade de abstração que provavelmente ainda não tenha sido experimentada pelos alunos, nos seus estudos no ensino fundamental e médio. Isso acaba gerando um alto índice de desistência nos cursos da área de Computação, eliminando com o sonho de vários alunos de trabalhar nesta área carente de profissionais especializados em nosso país. Este cenário não apresenta muitas mudanças nos mais de 15 anos que atuo como professor em cursos de Computação.

Ao ingressar no doutorado em Informática na Educação e cursar a disciplina de Computação Afetiva foi-nos apresentado um conjunto de aplicações desta subárea da Inteligência Artificial. Assim, pude perceber uma real possibilidade de apoiar os alunos na disciplina de Algoritmos a partir do uso das técnicas de Computação Afetiva. Passou-se então à discussão de qual poderia ser a melhor forma de auxiliar os alunos a partir do emprego das técnicas de Computação Afetiva, chegando-se a proposta atual de realizar um estudo que busca detectar os alunos que evidenciam sinais de frustração na realização dos exercícios de Algoritmos, para então apoiá-los com ações proativas de ensino. Para validar o estudo, foi desenvolvida uma ferramenta de construção e testes dos programas elaborados pelos alunos.

Trabalhei boa parte da minha vida profissional atuando como programador, muitas vezes concomitantemente com a atividade de professor. Logo, fiquei entusiasmado com a possibilidade de realizar um estudo e desenvolver uma ferramenta computacional para validá-lo. Assim, pude unir neste trabalho as minhas duas paixões profissionais, a de programador – que permite a implementação de ideias para facilitar a vida de outras pessoas, e a de professor – que nos desperta o humano, solidário, enfim, é fascinante por um todo. Esta tese em Informática na Educação descreve os fundamentos teóricos pesquisados nas áreas de Educação e Computação, que foram validados com a construção de uma ferramenta computacional para apoiar o processo de aprendizagem dos alunos na disciplina de Algoritmos. Espero que o estudo desenvolvido nesta tese possa ser útil para muitas pessoas.

1. INTRODUÇÃO

Algorítmos é uma disciplina de fundamental importância para os cursos da área de Computação (SEDGEWICK; WAYNE, 2011). Ela é também conhecida pelas dificuldades de aprendizagem imposta aos alunos, sendo considerada por muitos autores como corresponsável pelas altas taxas de evasão existente nos cursos da área (MEDINA; FERTIG, 2006; BARCELOS, 2012; ENGELBRECHT et al, 2012). Dentre as atividades desenvolvidas nas aulas de Algorítmos, destaca-se a elaboração de exercícios contendo os passos (comandos) necessários para resolução de um problema. Estes exercícios podem ser implementados e testados em um ambiente de programação, gerando um elevado número de interações entre o aluno e o computador.

É possível armazenar os dados destas interações e fornecer ao professor um conjunto de indicativos sobre o comportamento e desempenho do aluno. Com base em estudos de Damásio (1996) e Piaget (2005) que destacam a importância de considerar os aspectos afetivos no processo de aprendizagem, investigou-se nesta pesquisa a possibilidade de realizar a associação entre os dados de tais interações e o sentimento de frustração - que para diversos autores, como Castro et al (2003) e Sirotheau et al (2011), pode ser percebido nos alunos nas atividades de ensino de Algorítmos. Como em turmas com um grande número de alunos é muito difícil ao professor acompanhar as atividades de todos os seus aprendizes, entende-se que dotar um sistema computacional com ações proativas de apoio ao processo de aprendizagem, exibidas no momento em que o aluno evidencia a frustração, pode ser uma importante fonte de auxílio ao estudante e ao professor.

Frequentes são as pesquisas que ressaltam a carência do mercado de trabalho para profissionais oriundos dos cursos da área de Computação, como por exemplo, em BSA (2011) e SERPRO (2010). Em uma análise mais detalhada da situação, percebe-se que um grande número de alunos ingressa nos cursos da área de Computação, mas boa parte destes alunos desiste nos primeiros semestres da faculdade, conferindo a estes cursos – juntamente com o curso de Matemática – as maiores taxas de abandono no país (MEC, 2010). Piva Jr e Freitas (2010), analisando dados do MEC/INEP, observaram que no ano de 2008 apenas 35,1% dos alunos que ingressaram em cursos superiores da área de Computação no Brasil os concluíram.

Uma das razões para esta acentuada desistência é a dificuldade encontrada pelos alunos com os conteúdos e habilidades necessárias na disciplina de Algoritmos (GOMES; HENRIQUES; MENDES, 2008), que tem como objetivo trabalhar o raciocínio lógico voltado para a resolução de problemas de diferentes áreas do conhecimento humano. Esta disciplina está presente nos primeiros semestres da grade curricular dos cursos da área de Computação e é essencialmente voltada para a resolução de problemas, como pode ser observado nos livros de Ascêncio e Campos (2007) e Lopes e Garcia (2002) – com cerca de 500 exercícios de elaboração de Algoritmos cada. Os exercícios são trabalhados na disciplina a partir da prática pedagógica da resolução de problemas, que são as habilidades e competências essenciais de um programador. Nestes exercícios é que as dificuldades dos alunos se evidenciam.

Diante da percepção das dificuldades existentes, as práticas educativas de ensino de Algoritmos se tornaram alvo de inúmeros estudos visando minimizar as adversidades dos alunos (HOSTINS; RAABE, 2007; REBOUÇAS et al, 2010). Nesta pesquisa, busca-se contribuir para o processo de aprendizagem de Algoritmos, a partir da avaliação da dimensão afetiva, buscando identificar os alunos que evidenciam frustração na realização das atividades da disciplina, para então direcionar um apoio específico a estes alunos.

A área que foca no estudo da detecção e expressão dos estados afetivos em sistemas computacionais é parte da denominada Computação Afetiva. O termo foi inicialmente utilizado por Rosalind Picard a partir do livro *Affective Computing* (1997). A autora argumenta que um computador com habilidades emocionais deve ser capaz de compreender e expressar suas próprias emoções, reconhecer emoções nos outros, controlar a afetividade e utilizar o humor e as emoções para motivar comportamentos adaptativos.

As aplicações das técnicas e métodos de Computação Afetiva podem ser observadas em diversas áreas como Medicina, Educação, Marketing, Psicologia e Relacionamento Humano (GONÇALVES et al, 2012; POUR; CALVO, 2011). Uma variedade de descobertas tem mostrado que os estados afetivos tendem a influenciar múltiplos comportamentos em tarefas subsequentes (PICARD; DAYLI, 2008). Na Educação, identificar os estados afetivos dos estudantes pode permitir que ações sejam tomadas para auxiliá-los no andamento dos seus estudos (PICARD, 1997; LONGHI et al, 2010; LONGARAY; BEHAR; LONGHI, 2012).

Para implementar as técnicas e métodos de Computação Afetiva em sistemas computacionais, pode-se utilizar sistemas que busquem, a partir da detecção de características fisiológicas ou comportamentais do usuário, associar um padrão de comportamento a determinado estado afetivo (KAPOOR; BURLESON; PICARD, 2007; BERCHT, 2001). O mesmo vale para a expressão de emoções. É possível utilizar agentes ditos afetivos que interajam com o usuário transmitindo e induzindo emoções a partir de feições faciais, gestos e modos de olhar, por exemplo. É claro que este processo não é trivial e muitas pesquisas estão sendo desenvolvidas neste campo de estudo, como, por exemplo, em Martin et al (2011) e Hoque, McDuff e Picard (2012).

Visando identificar padrões nos dados capturados pelos usuários de um sistema computacional que possam estar associados a determinados estados afetivos, foi utilizada neste trabalho a integração da área de Computação Afetiva com a área de Mineração de Dados. As técnicas de Mineração de Dados têm por objetivo explorar vastos conjuntos de dados, buscando obter neles informações significativas não detectadas facilmente pela observação humana. Na pesquisa desenvolvida, há a geração de um grande volume de informações / registros armazenados em tabelas de um banco de dados. Assim, as técnicas de Mineração de Dados foram utilizadas para explorar e descobrir padrões, em formas de regras, no conjunto de dados obtidos nos experimentos que possam estar relacionadas ao estado afetivo de frustração dos alunos.

1.1. Motivação

No geral, as disciplinas que necessitam da prática de uma grande quantidade de exercícios para a aprendizagem dos conteúdos – onde a resolução de um exercício necessita da execução de um conjunto de passos, apresentam as maiores dificuldades para parte dos alunos. No caso de Algoritmos, em que o raciocínio lógico é necessário, esta dificuldade é ainda maior. Assim, muitos alunos não conseguem acompanhar o ritmo das sequências de exercícios com nível de complexidade e recursos computacionais crescentes passadas pelo professor. Em alguns alunos, o professor percebe as dificuldades e procura, a partir do contato pessoal, auxiliar os alunos a

9

resolver os exercícios. Contudo, principalmente em turmas grandes, muitos estudantes não demonstram claramente estas dificuldades, e antes mesmo que o professor perceba, já se encontram frustrados por não conseguir resolver os problemas de Algoritmos e acompanhar o ritmo dos demais colegas. Como resultado, os alunos ficam desmotivados para continuar seus estudos, tendendo a desistir do curso.

A motivação para o desenvolvimento deste trabalho é demonstrar que, a partir do uso das técnicas de Computação Afetiva, é possível auxiliar o professor na tarefa de detectar quais são os alunos que apresentam dificuldades e que, tratar estes alunos de forma diferenciada, pode ser significativo para mantê-los em um estado positivo para a aprendizagem. Conforme afirma Bercht (2006):

> Para que o sistema possa se adaptar à afetividade do aluno, aquele deve reconhecer as emoções do aluno. Por exemplo, quando o aluno encontra-se frustrado, ele provavelmente irá abandonar a tarefa que está sendo realizada. O sistema precisa saber quando o aluno está frustrado a fim de encorajá-lo a continuar estudando e a realizar as suas atividades, inclusive alterando sua ação através da apresentação de outros recursos de mídia e materiais de apoio. Assim, é necessário também que o sistema tenha, além da representação do desempenho e conhecimento dos conteúdos por parte do aluno, uma representação que considere as emoções que o aluno sente enquanto usa o ambiente educacional.

Portanto, entende-se que utilizando técnicas de detecção das variáveis comportamentais produzidas pelos alunos durante a realização das suas atividades, juntamente com a área de Mineração de Dados para detectar padrões que possam estar associados ao estado afetivo de frustração do aluno, possamos ofertar um importante instrumento capaz de apoiar o estudante e, a partir deste, auxiliar a reduzir o número de evasão nos cursos da área de Computação.

1.2. Questão de Pesquisa

A partir da identificação da necessidade de auxiliar os alunos dos cursos da área Computação na disciplina de Algoritmos, contando com o suporte dos estudos fundamentados por Damásio (1996) que indicam que emoção e cognição estão

10

intimamente relacionadas, destaca-se a seguinte questão norteadora que motiva este trabalho:

Como a possibilidade de avaliar a dimensão afetiva caracterizada pela frustração nos aprendizes de Algoritmos pode contribuir nos processos de aprendizagem nesta disciplina?

A partir da definição da questão norteadora do desenvolvimento deste trabalho, passam-se as descrições dos objetivos geral e específicos. Assim, o objetivo geral desta tese busca:

Investigar de que maneira a detecção do estado afetivo de frustração nos aprendizes na área de Algoritmos, por meio da descoberta de padrões de comportamento nas ações do aluno em um ambiente de programação, pode contribuir nos processos de aprendizagem nesta disciplina.

Para alcançar o objetivo geral, foram realizadas as seguintes atividades:

- Selecionar técnicas de Computação Afetiva capazes de serem implementadas em uma ferramenta que possa ser utilizada no dia-a-dia pelo professor de Algorítmos;

- Implementar uma ferramenta para validação da proposta, com os recursos de construção e testes de exercícios de Algorítmos, que capture as ações realizadas pelo aluno, visando relacioná-los ao estado afetivo de frustração;

- Aplicar estudos de caso para validar a pesquisa;

- Formalizar o processo de geração das regras associadas à frustração, a partir dos dados gerados pelas interações dos alunos com a ferramenta desenvolvida, buscando apoio na área de Mineração de Dados.

- Implementar na ferramenta ações pedagógicas de apoio ao aprendizado do aluno, visando auxiliar aos alunos frustrados a superarem este sentimento;

- Aplicar instrumentos de avaliação para verificar os possíveis benefícios de detectar e tratar as situações em que os alunos evidenciam o estado afetivo de frustração no ensino de Algoritmos.

1.3. Metodologia de Condução da Pesquisa

Para a realização deste trabalho, foram inicialmente analisados os métodos para inferir, reconhecer e expressar os estados afetivos em sistemas computacionais, sendo que destes, a inferência e o consequente reconhecimento a partir das observações comportamentais[1] dos alunos durante a utilização de um ambiente de programação foram utilizados nesta pesquisa.

Outro aspecto do estudo realizado, diz respeito aos estados afetivos a serem inferidos. Optou-se por selecionar o que se mostra com maior evidência nos alunos nas aulas de Algoritmos e que se entende ser significativo para evitar a desistência do estudante que é a frustração. Desta forma, foram destacadas as referências que abordam a área de Computação Afetiva e, principalmente, aquelas que tratam deste estado afetivo em particular (frustração).

A pesquisa optou por usar estudos de casos para avaliar a possibilidade de identificar a frustação no aluno no processo de aprendizagem de Algoritmos. Para a coleta dos dados referentes foi desenvolvido uma ferramenta que representa um ambiente de apoio a aprendizagem de Algoritmos com funções de edição, de programação e coleta dos observáveis dos comportamentos oriundos da interação dos alunos.

Um estudo de caso piloto foi realizado na Faculdade de Tecnologia Senac Pelotas, com os alunos de duas turmas de Algoritmos & Lógica de Programação do curso de Análise e Desenvolvimento de Sistemas no ano de 2011, onde as variáveis que possivelmente pudessem estar associadas a frustração do aluno foram selecionadas e, então, foi elaborada uma tabela de forma empírica com as características comportamentais relevantes associadas aos valores de referência obtidos com os alunos que utilizaram a ferramenta. No ano seguinte, dois novos estudos de caso foram desenvolvidos com novas turmas desta mesma instituição de ensino. O segundo estudo de caso buscou obter os dados das interações dos alunos com a ferramenta no formato adequado para que estes dados fossem submetidos a um sistema de Mineração de Dados. No terceiro, com um enfoque qualitativo, procurou-se confirmar as regras

---

[1] Observações comportamentais, segundo Bercht (2001), são todas as ações do usuário em um ambiente computacional, consideradas importantes definidoras de comportamentos – conforme a visão do projetista, como por exemplo, o tempo que o usuário demora para realizar uma tarefa, o número de erros que ele comete na execução de uma atividade, a solicitação de ajuda, uso do botão voltar, palavras utilizadas nos comentários, etc. Neste trabalho, os termos "variáveis comportamentais" são empregados com o mesmo sentido que "observações comportamentais".

detectadas pela Mineração de Dados, bem como, avaliar os possíveis benefícios para o aprendizado dos alunos das ações proativas de apoio aos estudantes com dificuldades. Maiores detalhes sobre a metodologia do trabalho são apresentados no capítulo 5.

1.4. Autores e Pesquisas que Fundamentam a Tese

Os fundamentos conceituais para o desenvolvimento desta tese têm como principais referências às pesquisas realizadas pelos autores Damásio, Picard, Piaget, Bercht, Raabe e Longhi e serão apresentados ao longo dos capítulos deste texto.

As ideias implementadas na ferramenta de validação da presente pesquisa, de detecção do estado afetivo de frustração do aluno, bem como, do uso de variáveis comportamentais, têm apoio nos trabalhos desenvolvidos por:

a) Kapoor, Burleson e Picard (2007): nesta pesquisa, enquanto o aluno realizava um exercício sobre a Torre de Hanói (figura 1.1), seus dados eram capturados em um sistema através de equipamentos complexos. O que se buscou fazer foi armazenar um conjunto de expressões afetivas do usuário que antecediam ao clique deste usuário no botão "Estou Frustrado". Cada nova ocorrência deste conjunto de expressões afetivas era, então, o indicativo de que o usuário estaria frustrado;

b) Bercht (2001) indicou que alguns estados afetivos podiam ser detectados a partir de variáveis comportamentais do aluno em um ambiente computacional. Estes estudos estão contextualizados na área da Computação Afetiva uma subárea da Inteligência Artificial.

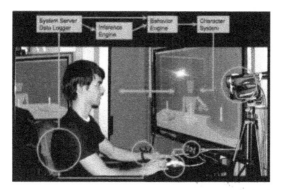

Figura 1.1 – Exercício da Torre de Hanói.
Fonte: Kapoor, Burleson e Picard (2007)

Tal como o trabalho de Kapoor, Burleson e Picard (2007), a pesquisa desenvolvida neste trabalho visa registrar as ações dos alunos enquanto estes desenvolvem determinadas atividades, buscando relacionar estes dados com informações sobre os estados afetivos dos estudantes. Contudo, em nossa tese, são empregados os dados das interações dos estudantes com um ambiente de programação como forma de identificar situações que podem levar os estudantes ao estado afetivo de frustração.

1.5. Organização do Documento

No capítulo 2 apresenta-se aspectos relacionados ao ensino de Algoritmos, destacando-se as características deste campo de estudo, as etapas para a elaboração de um algoritmo, as principais dificuldades dos alunos e as estratégias de ensino e de aprendizagem já implementadas nesta área. O capítulo 3 destaca a área de Computação Afetiva. São abordados os conceitos, os termos principais utilizados nesta área, bem como, as formas de detecção dos estados afetivos a partir de sistemas computacionais.

Objetivando destacar as referências bibliográficas das técnicas computacionais de apoio utilizadas no desenvolvimento da presente pesquisa, foi acrescentado um capítulo que aborda os principais conceitos relacionados à área de Mineração de Dados. Este assunto é contemplado no capítulo 4.

Já o capítulo 5 é reservado para a apresentação da metodologia do trabalho, que inclui a descrição das etapas desenvolvidas, da ferramenta implementada para validar a pesquisa e dos estudos de caso. Sobre o estudo de caso final foi aplicado uma pesquisa com enfoque qualitativo, visando avaliar os possíveis benefícios para o aprendizado dos alunos da aplicação dos fundamentos teóricos pesquisados e validados a partir do uso da ferramenta para construção e testes de Algoritmos.

E, no capítulo 6, são traçadas algumas considerações finais a respeito desta pesquisa, bem como, indicações de trabalhos futuros que poderão ser delineados a partir dela.

2. ENSINO E APRENDIZAGEM DE ALGORITMOS

Este capítulo apresenta o contexto do ensino de Algoritmos e Lógica de Programação da área de Computação. São destacados conceitos, a importância da disciplina e as dificuldades de aprendizado – amplamente discutidas em referências nacionais e internacionais sobre o tema. Na sequência, são discutidas algumas estratégias para lidar com as dificuldades de aprendizagem dos alunos. São apresentadas ainda neste capítulo, algumas pesquisas já desenvolvidas buscando mitigar este problema, seguido das considerações finais sobre os tópicos abordados.

2.1 Algoritmos: Visão Geral

Um algoritmo é um caminho, uma sequência de passos a serem executados para se chegar à solução de um problema (ENGELBRECHT et al, 2012). Deve-se ressaltar que muitos são os caminhos que podem levar a uma solução satisfatória para um problema. Assim, um problema pode ter resolvido a partir de diferentes algoritmos – todos igualmente corretos. Ou seja, um problema pode apresentar diferentes versões de soluções.

Engelbert et al (2012), referenciando a obra histórica de Knuth (1968), destacam cinco propriedades que são amplamente aceitas como requisitos para a construção de um algoritmo:

- Finitude: um algoritmo deve sempre terminar após um número finito de etapas.

- Definição: cada passo de um algoritmo deve ser definido com precisão; as ações a serem executadas deverão ser especificadas rigorosamente e sem ambiguidades para cada caso.

- Entrada: valores que são dados ao algoritmo antes que ele inicie. Estas entradas são tomadas a partir de conjuntos de objetos especificados.

- Saída: a exibição dos valores resultantes das ações do algoritmo relacionadas com as entradas especificadas.

- Eficácia: todas as operações a serem realizadas no algoritmo devem ser suficientemente básicas que podem, em princípio, ser feitas com precisão e em um período de tempo finito por um homem usando papel e lápis.

Algoritmos e sua formalização em programas[2] computacionais é parte fundamental dos currículos dos cursos da área de Computação. Para Souza et al (2011) um programa é fruto da atividade intelectual do programador, e depende de treinamento prévio em abstração e modelagem de programas, bem como do uso da lógica na elaboração das soluções. Estas habilidades e competências devem ser abordadas como pré-requisitos na disciplina de Algoritmos.

O domínio das técnicas trabalhadas em Algoritmos é o fundamento necessário para que o aluno possa, utilizando uma linguagem de programação, desenvolver sistemas para inúmeras atividades, tais como: Sistemas Administrativos (Controle de Estoque, Folha de Pagamento, Contas a Pagar), Sistemas de Análises Médicas, Jogos Eletrônicos, Programas para Dispositivos Móveis, Sistemas Aplicativos para a Web, Programação de Robôs, etc. A figura 2.1 ilustra as etapas deste processo.

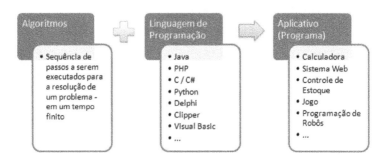

Figura 2.1 – Representação do processo de construção de programas.
Fonte: o autor

---

[2] Um programa pode ser entendido como o conjunto das instruções de um algoritmo convertidos em um arquivo executável, a partir do uso de uma linguagem de programação. Contudo, também denomina-se programa o código fonte digitado para a construção do arquivo executável. Assim, os termos algoritmo e programa são empregados para designar os passos utilizados para a resolução de um problema.

Ao escrever um algoritmo, o aluno informa um conjunto de comandos seguindo uma sintaxe própria para solucionar um problema computacional. Por sintaxe dos comandos, entende-se o conjunto de regras que regulamentam o uso de palavras e pontuação (FARRELL, 2010). Assim, cada linguagem de programação, como Java ou C, tem o seu conjunto de regras de sintaxe em função do paradigma de programação a elas associado. O ensino de Algoritmos pode ser realizado utilizando uma linguagem de programação em específico ou adotar uma representação para este aprendizado – como Português Estruturado (pseudocódigo) ou Fluxograma. Ou seja, utiliza-se uma representação gráfica ou textual que permita ao aluno organizar e representar sua estratégia para resolver determinados problemas.

Hostins e Raabe (2007) afirmam que o uso de pseudocódigo para a representação dos programas, com palavras reservadas em idioma português é uma tendência observada tanto nos trabalhos desenvolvidos pela comunidade acadêmica brasileira, quanto em livros didáticos utilizados para a introdução das noções fundamentais de programação. Tal uso, segundo os autores, permite direcionar a aprendizagem para os aspectos da lógica de programação sem se deter em detalhes específicos de sintaxe das linguagens, reduzindo também a barreira do idioma estrangeiro utilizado nas linguagens de programação.

São exemplos de exercícios de Algoritmos, enunciados para cálculo da média harmônica de notas de um aluno ou da validação de uma senha de um usuário. Assim, cada exercício apresenta um problema diferente para o aluno e, no decorrer do semestre, novos enunciados evidenciam novas propostas de raciocínio e de solução de problemas exigindo o uso de recursos lógicos como a iteração, a decisão lógica, laços de repetição e manipulação de estruturas de dados (vetores, matrizes, grafos, etc.). Cada um destes recursos contém uma lista de exercícios para compreensão e prática das técnicas por parte do aluno. O grande problema dos estudantes é a dificuldade em abstrair e descrever as soluções para estes problemas contando com poucas e simples estruturas (SOUZA et al, 2011). O quadro 2.1 ilustra os comandos em pseudocódigo utilizados para resolver um problema do cálculo da média harmônica de um aluno.

Quadro 2.1 – Exemplo de Algoritmo em pseudocódigo

```
Programa media {
    String nome;
    float nota1, nota2, media;

    Escreva("Nome: ");
    nome = LeiaString();

    Escreva("1ª Nota: ");
    nota1 = LeiaFloat();

    Escreva("2ª Nota: ");
    nota2 = LeiaFloat();

    media = (nota1 + nota2) / 2;

    Escrevaln("Média: " + media);

    se (media >= 7)
        Escrevaln(nome + " Parabéns!! Você foi Aprovado(a)");
    senão
        Escrevaln(nome + ": Você foi Reprovado(a)");
}
```

O exemplo descrito no quadro 2.1 ilustra também as etapas da descrição dos comandos em um algoritmo. Embora sejam possíveis algumas variações nesta ordem, os comandos de um programa, no geral, devem contemplar as seguintes etapas:

a) declaração das variáveis;

b) leitura dos dados de entrada;

c) processamento;

d) exibição das respostas (saídas).

Conforme o problema pode ser necessário criar um algoritmo com o uso das condições que, como o próprio nome sugere, definem um fluxo condicional para a sequência do programa. O emprego dos testes condicionais geralmente ocorre nas etapas de processamento e exibição das respostas (saídas).

A importância destas etapas na construção de um algoritmo é destacada por diversos autores de livros de Algoritmos e Lógica de Programação. Por exemplo, Ascencio e Campos (2007) destacam que um algoritmo e, posteriormente um programa, manipulam dados que precisam ser armazenados em espaços de memória que recebem o nome de variáveis. Já Medina e Fertig (2006), ressaltam que um programa consiste no recebimento de dados (entrada), para que estes dados sejam processados pelo computador (processamento), para então, retornar o resultado (saída). Este esquema

Entrada => Processamento => Saída é a abordagem sistêmica que caracteriza a programação de computadores. Após o uso das estruturas sequenciais de programação, que compreendem a execução de tarefas na sequência, passa-se a introduzir nos exercícios de Algorítmos as estruturas condicionais (de seleção ou decisão). Farrell (2010) salienta ser esta a segunda estrutura básica de um programa – sendo caracterizada por conter uma questão lógica que define um caminho a seguir no algorítmo.

Segundo Farrell (2010) as tarefas de um programador envolvem muito mais do que escrever instruções. A autora enumera os seis passos necessários para a realização de um programa:

a) Entender o problema

b) Planejar a lógica

c) Codificar o programa

d) Usar o software para traduzir o programa para linguagens de máquina

e) Executar e testar o programa

f) Colocar o programa em produção

No ensino do conteúdo de Algorítmos, embora geralmente sejam adotadas práticas de construção de programas com níveis menores de complexidade, as cinco primeiras etapas deste processo devem ser realizadas pelo estudante. Na execução do programa, a partir dos dados de entrada e saída, pode-se verificar se o algorítmo construído pelo aluno está correto. Dois são os tipos de erros que podem ocorrer nos Algorítmos/programas: a) erros de sintaxe – como declaração incorreta de tipos e nomes de variáveis, sintaxe de comandos ou fluxo da programação; b) erros de lógica – quando o programa é executado, mas não apresenta os resultados esperados. No primeiro tipo, o ambiente informa ao aluno o erro, enquanto que no segundo, é o aluno que deve perceber que o seu algorítmo está incorreto. A figura 2.2 ilustra estas etapas e suas relações no desenvolvimento de um algorítmo.

Figura 2.2 – Etapas da elaboração de um algoritmo

Fonte: adaptado de Farrell (2010)

Em resumo, a realização de um exercício de algoritmo envolve a necessidade da compreensão do problema, a adoção de um conjunto de ações em sequência de procedimentos que resolva em tempo hábil o problema, a representação deste conjunto em pseudocódigo ou fluxograma e, em seguida, a sua conversão em um programa descrito conforme uma sintaxe específica. Como é o próprio aluno que executa e testa o programa, cabe a ele verificar se o seu algoritmo produziu os resultados esperados e corretos. Os erros recorrentes identificados nas diferentes etapas, no retorno a etapas anteriores para de novo construir, arrumar e testar os programas pode gerar nos alunos diferentes estados afetivos, como por exemplo, o sentimento de frustração (Falkembach, Amoretti e Tarouco, 2003). Este, bem como outros estados afetivos, como a confusão, raiva e ansiedade podem afetar a produtividade, aprendizagem, as relações sociais e o bem-estar geral dos alunos (KLEIN; MOON; PICARD, 2002). Neste contexto, torna-se importante identificar este estado afetivo no estudante para que ações possam ser tomadas para auxiliá-lo no seu andamento da disciplina (PICARD et al, 2004).

A etapa "Compilar o código", destacada na figura 2.2, consiste na execução de um complexo processo de construção de programas executáveis. Para que um programa possa ser executado em um computador é necessário que os comandos, escritos pelo programador em uma linguagem de programação, sejam convertidos em código binário

20

ou código de máquina, formados apenas por 0s e 1s – um conjunto de circuitos de chaves liga/desliga do computador (FARRELL, 2010). Hennessy e Patterson (2000) ilustram a partir da figura 2.3, as etapas deste processo – desde a escrita dos comandos em uma linguagem de programação (no exemplo, em linguagem C) até a sua execução na memória do computador.

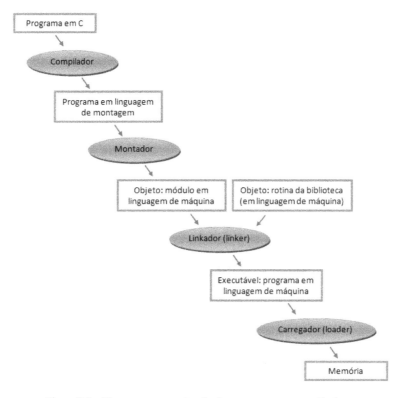

Figura 2.3 – Etapas para a construção de um programa executável e o seu carregamento na memória do computador.

Fonte: Hennessy e Patterson (2000)

Portanto, a linguagem de programação que um computador compreende e executa é composta apenas por números. Construir Algoritmos nesta linguagem de máquina é um processo extremamente complicado para os seres humanos (MEDINA; FERTIG, 2006). Inicialmente, os programadores começaram a utilizar abreviações em inglês para representar as operações elementares, como *add*, *load* e *store* – que formaram a base das linguagens assembly (DEITEL; DEITEL, 2010). Depois surgiram novas linguagens de programação, com o objetivo de facilitar a escrita dos programas.

Conforme Farrell (2010), linguagens como Java, Visual Basic, Pascal estão disponíveis para programadores porque um programa tradutor (um compilador ou interpretador) muda a linguagem de programação de alto nível – semelhante às linguagens humanas, para a linguagem de máquina de baixo nível – aquela que o computador compreende. Um programa de computador, escrito em uma destas linguagens de alto nível, deve estar sem erros de sintaxe para que possa ser traduzido para a linguagem de máquina. Normalmente, um programador desenvolve a lógica de um programa, escreve o código e então o compila. Erros de sintaxe, caso existam, são detectados pelo compilador, fazendo com que o programador necessite reescrever os códigos e novamente recompilar o programa. A figura 2.4 apresenta as etapas deste processo.

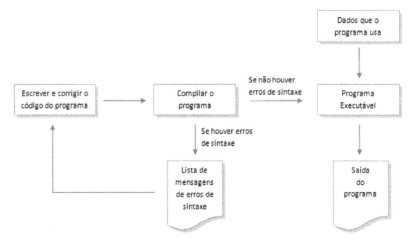

Figura 2.4 – Processo de construção e execução de programas
Fonte: Farrell (2010)

Embora seja mais fácil elaborar programas utilizando uma linguagem de programação de alto nível, ensinar Algoritmos a partir do uso de uma linguagem de programação ainda apresenta um conjunto de dificuldades para o aluno. Segundo Medina e Fertig (2006), mesmo as linguagens de programação de alto nível ainda podem ser muito complexas para um aluno iniciante – uma vez que as pessoas, em geral, não estão acostumadas a fazer Algoritmos. O quadro 2.2 apresenta um exemplo de um programa escrito na linguagem Java para calcular o preço de venda de um veículo, com taxas diferentes conforme a marca. Deve-se observar que a linguagem Java é *case sensitive*, ou seja, diferencia letras maiúsculas e minúsculas. Deste modo, há a necessidade do aluno conhecer o comando e a forma de escrita deste comando.

Quadro 2.2 – Exemplo dos comandos de um programa Java

```
package revenda;

import java.util.Scanner;

public class Revenda {

    public static void main(String[] args) {
        Scanner entrada = new Scanner(System.in);
        String modelo, marca;
        float pr_custo, pr_venda;

        System.out.print("Modelo: ");
        modelo = entrada.nextLine();

        System.out.print("Marca.: ");
        marca = entrada.nextLine();

        System.out.print("R$ Custo: ");
        pr_custo = entrada.nextFloat();

        if (marca.equals("Fiat") || marca.equals("Renault"))
            pr_venda = pr_custo + (float)(pr_custo * 0.20);
        else
            pr_venda = pr_custo + (float)(pr_custo * 0.30);

        System.out.println("R$ Venda: " + pr_venda);

    }
}
```

Fonte: o autor

Diante do entendimento de que o uso de linguagem de programação pode se constituir em mais um elemento a dificultar o processo de aprendizagem de Algoritmos, diversos autores (HOSTINS; RAABE, 2007; MEDINA; FERTIG, 2006; ENGELBRECHT et al, 2012; ALMEIDA, 2013) propõem o ensino de Algoritmos a partir de comandos em pseudocódigo. Para permitir testar os exercícios, algumas ferramentas foram construídas para executar o algoritmo a partir destes pseudocódigos, como, por exemplo, VisuAlg, Portugol, WebPortugol, etc. A figura 2.5 exibe a tela principal do software VisuAlg na sua versão 2.5.

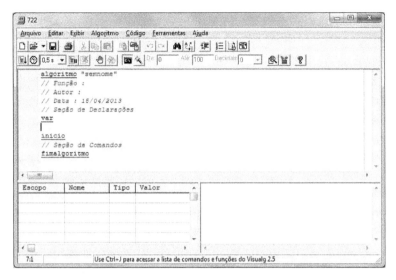

Figura 2.5 – Tela principal do software VisuAlg 2.5
Fonte: uso do software pelo autor

Para a criação de ferramentas que executam programas a partir do português estruturado pode-se adicionar uma nova etapa no processo de compilação dos programas. Assim, a ferramenta deve dispor de um ambiente onde o aluno informa os comandos em pseudocódigo, e após a ferramenta converte os comandos do português estruturado para comandos equivalentes de uma linguagem de programação. Na sequência, o processo de compilação é executado e o programa passa a solicitar ao aluno os dados de entrada do exercício (ou exibe os erros de compilação detectados). A ferramenta pode ocultar este processo de compilação, permitindo ao aluno direcionar o foco para o desenvolvimento da lógica de programação em si, necessária para a resolução dos exercícios. A figura 2.6, ilustra as etapas deste processo.

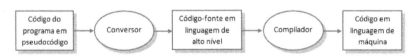

Figura 2.6 – Etapas para a execução de um programa a partir de uma
ferramenta com comandos em pseudocódigo
Fonte: autor

24

2.2. Importância de Algorítmos

O aprendizado de Algorítmos é essencial para que o aluno possa construir o conhecimento necessário aos demais conteúdos e aplicações nos seus estudos nos cursos da área de Computação. Presente nos primeiros semestres das grades curriculares de cursos como Análise e Desenvolvimento de Sistemas, Engenharia de Computação e Ciência da Computação, as técnicas de Algorítmos são pré-requisitos para que o aluno possa cursar outras disciplinas relacionadas, dentre elas, Estrutura de Dados, Programação Orientada a Objetos e Linguagens de Programação. A figura 2.3 ilustra as etapas iniciais do currículo do curso de Ciência da Computação da UFRGS, onde na etapa 1, constam duas disciplinas sobre Algorítmos (Algorítmos e Programação e Fundamentos de Algorítmos). Elas são pré-requisito para a disciplina de Estrutura de Dados, presente na etapa 2 do curso.

Figura 2.7 – Grade Curricular: Ciência da Computação UFRGS (Etapas 1 e 2)
Fonte: www.ufrgs.br/ufrgs/ensino/graduacao/cursos

Segundo Sedgewick e Wayne (2011) os Algoritmos são a matéria prima da Ciência da Computação, eles são os objetos centrais do estudo nesta área. Como Algoritmos é a base para o desenvolvimento de programas em qualquer linguagem, é muito difícil o aluno evoluir de forma satisfatória nas disciplinas que abordam o ensino destas linguagens de programação sem um bom domínio das técnicas trabalhadas em Algoritmos. O ensino de linguagens de programação – como Java, PHP, C, Delphi - geralmente ocorrem a partir do segundo semestre, tendo também Algoritmos como pré-requisito.

Medina e Fertig (2006) reforçam estes aspectos relacionados à importância da disciplina de Algoritmos, enfatizando ainda à questão da dificuldade de aprendizado por parte dos alunos iniciantes:

> Algoritmos são fundamentais à formação acadêmica na área da computação. Entretanto, as disciplinas de Algoritmos e programação tendem a criar os maiores traumas nos alunos iniciantes, tornando-se até mesmo, corresponsáveis pelos altos índices de desistência que ocorrem nos primeiros anos dos cursos superiores dessa área.

Um trabalho realizado por Aureliano e Tedesco (2012) apresentou uma revisão sistemática da literatura (RSL) dos artigos que abordam o processo de ensino-aprendizagem de programação para iniciantes publicados em dois importantes eventos nacionais na área, o Simpósio Brasileiro de Informática na Educação (SBIE) e o Workshop de Informática na Escola (WIE) entre os anos de 2002 e 2011. Foram identificados 79 artigos sobre o tema, reforçando a importância do assunto para os pesquisadores. As autoras observaram também, o crescimento do interesse sobre o assunto nos últimos anos, sendo que 51% dos artigos analisados foram publicados entre os anos de 2009 e 2011.

2.3. Dificuldades no Aprendizado de Algoritmos

A dificuldade dos estudantes com o aprendizado de Lógica de Programação ou Algoritmos é destacado por inúmeros autores, como Engelbrecht et al. (2012), Rapkiewicz et al. (2006) e Hostins e Raabe (2007). O problema constitui-se praticamente como um consenso no meio acadêmico dos cursos de Computação. Engelbrecht et al. (2012) falam em tornar o processo de aprendizagem de Algoritmos

26

menos traumático para os estudantes. Rapkiewicz et al. (2006) destacam que o alto índice de evasão e reprovação dos alunos em disciplinas de Algoritmos acaba se tornando um dos gargalos dos cursos de Computação que dificultam ou até mesmo impedem a continuidade de muitos alunos nos cursos desta área. Já Hostins e Raabe (2007), destacam que o alto índice de problemas de aprendizagem entre os estudantes de lógica de programação é o fator motivador para a construção de diversas ferramentas e metodologias visando auxiliar a reduzir estes problemas.

Uma das principais razões para estas dificuldades do aluno é que, pela primeira vez, ele é solicitado a pensar de forma detalhada sobre quais devem ser os passos necessários para a solução de um problema, e ainda, construir uma abstração que represente estes passos de forma a ser processado corretamente por um computador (ENGELBRECHT et al., 2012).

O desafio de superar as dificuldades de aprendizado de Algoritmos, se não vencido, acaba por romper com o sonho de inúmeros estudantes de atuar profissionalmente na área de desenvolvimento de sistemas. Barcelos (2012) destaca os altos índices de reprovações dos alunos na disciplina de Algoritmos, a partir de pesquisa realizada com os alunos no IFF-Campos-RJ nos semestre 2008-2, 2009-1 e 2009-2. Pode-se observar a partir da figura 2.4 que os percentuais de reprovação dos alunos em Algoritmos nesta instituição supera os 50% em todos os semestres pesquisados.

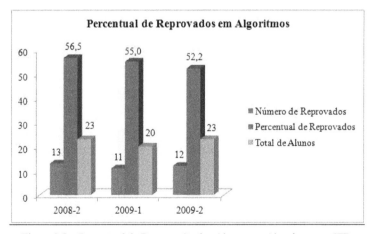

Figura 2.8 – Percentual de Reprovação dos Alunos em Algoritmos no IFF-Campos-RJ.

Fonte: Barcelos (2012)

Raabe e Silva (2005) identificaram três outros tipos de aspectos que contribuem para a dificuldade de aprendizagem dos alunos na disciplina de Algoritmos. Eles estão relacionados a problemas de natureza didática, problemas de natureza cognitiva e problemas de natureza afetiva. A tabela 2.1 destaca os principais pontos levantados a partir de análises realizadas em nove semestres (de 2000/2 até 2004/2) pelos autores.

Jenkins (2002) no seu artigo *On the Difficulty of Learning to Program* destaca que a programação é uma habilidade complexa de dominar, sendo considerada pela maioria dos alunos como uma tarefa "chata e difícil". Ele discute sobre o tema, ressaltando que algumas das dificuldades de aprendizado de Algoritmos estão relacionadas com a natureza das habilidades de programação requeridas, enquanto que outras têm haver com as formas de ensinar e aprender tais habilidades.

A relação entre as dificuldades de aprendizagem de Algoritmos e o sentimento de frustração ocasionado por estas dificuldades, pode ser verificado em diversos artigos sobre o tema. Castro et al. (2003) destacam que os estudantes ao terem o primeiro contato com Algoritmos e programação encontram um obstáculo muito grande em aplicar suas habilidades prévias, criando uma fonte de medo e frustração. Os autores apontam ainda que as consequências deste obstáculo são as reprovações sistemáticas, a apatia, a baixa autoestima e as desistências, que acabam incentivando a evasão. Falkembach, Amoretti e Tarouco (2003) também citam a frustração como sendo um dos sentimentos observados nos alunos que não conseguiram resolver uma lista de exercícios de Algoritmos. Sirotheau et al. (2011) ressaltam que para muitos estudantes da área de Computação, a primeira experiência com o aprendizado de programação costuma ser frustrante. Os motivos para a frustração do aluno, como a falta de uma visão do que se quer solucionar e a necessidade de abstrair o funcionamento dos mecanismos escolhidos são abordados. As autoras complementam que os obstáculos tendem a resultar em situações problemáticas, tais como, o alto índice de repetência e de evasão nos cursos.

Tobar et al (2001) destacam uma série de motivos que tornam a primeira experiência de aprendizado de programação frustrante para vários estudantes. Segundo os autores, a preocupação excessiva com os detalhes de sintaxe da linguagem utilizada, a falta de uma visão sobre o problema a ser resolvido, a necessidade de idealizar soluções em passos sequenciais, a incapacidade de abstrair o funcionamento dos mecanismos escolhidos e a falta de raciocínio lógico visando a resolução de problemas, são alguns dos problemas que acabam gerando este sentimento nos alunos.

Tabela 2.1 – Tipos de problemas que contribuem para a dificuldade de aprendizagem de Algoritmos.

Problemas de Natureza Didática	
Grande número de alunos por turma	Turmas com 40 ou 50 alunos, dificultam avaliações e acompanhamento individualizado.
Dificuldade do professor compreender a lógica do aluno	Uso de um único raciocínio lógico para a solução do problema; impede o professor de compreender a lógica individual de cada aluno – que os leva a construir soluções equivocadas de Algoritmos
Diferença de experiência e ritmo de aprendizagem entre os alunos	Turmas mesclando alunos com alguma experiência em programação e outros sem nenhum conhecimento prévio
Ambiente de realização das provas	As provas são normalmente o momento em que o aluno percebe a diferença entre observar e fazer. Além de outros fatores que não favorecem a concentração e o raciocínio, tais como, tempo limitado, pressão e stress.
Pouco uso dos monitores da disciplina	Os alunos com dificuldades de aprendizagem geralmente não aproveitam a ajuda de monitores da disciplina
Ausência de bons materiais	Os professores comumente utilizam apenas livros e estes, no geral, apresentam o conteúdo de forma que o aluno tem dificuldade de compreender.
Alunos desorientados a escolha do curso	Muitos alunos não tem uma visão correta sobre o perfil do curso, descobrindo isso apenas no decorrer das aulas. O que, por vezes, gera um ambiente de incompreensão e descaso frente aos desafios impostos pela disciplina.
Problemas de Natureza Cognitiva	
Alunos sem perfil para solução de problemas	Carência relacionada ao desenvolvimento de estratégias de solução de problemas durante o ensino médio acarreta maiores dificuldades no ensino superior.
Alunos sem base operatório-formal	Indicativos de que o raciocínio operatório formal, que é a base para a compreensão do raciocínio lógico, não foi desenvolvido no ensino médio.
Conteúdo sem proximidade com o conteúdo escolar	Como a lógica algorítmica é algo totalmente novo para a maioria dos alunos, eles não conseguem estabelecer relações com conteúdos anteriores – principalmente matemática.
Problemas de Natureza Afetiva	
Ocasionais	Problemas esporádicos de natureza pessoal que afetam o aluno, dificultando sua concentração e influenciando seu desempenho nas avaliações.
Constantes	Baixa autoestima, pouca motivação, aversão ao conteúdo ou ao professor, insegurança são exemplos de emoções que podem afetar negativamente o aprendizado do aluno.

Fonte: Adaptado de Raabe e Silva (2005)

Outra dificuldade que se observa e que acaba por ampliar, muitas vezes, a frustração dos alunos com o aprendizado de Algoritmos é a dificuldade que eles possuem com a resolução dos cálculos matemáticos envolvidos nos exercícios. Visto que, a maioria dos problemas que se tenta resolver na área computacional tem um fundo matemático envolvido (ENGELBRECHT et al., 2012).

Enfim, como foi possível observar nesta secção, os problemas que dificultam o aprendizado da disciplina de Algoritmos são muitos. Diante dos problemas elencados por Raabe e Silva (2005) descritos na tabela 2.1, a presente pesquisa busca auxiliar nos seguintes aspectos:

a) Grande número de alunos por turma: em nossa pesquisa busca-se detectar aqueles alunos que evidenciam sinais do estado afetivo de frustração, direcionando um apoio a eles. Tal abordagem contribui para que o professor possa lidar com turmas com grande número de alunos, visto que, enquanto o professor atende àqueles alunos mais extrovertidos que solicitam auxílio individual (alguns, reiteradas vezes), a ferramenta desenvolvida auxilia aos mais tímidos – exibindo um tutorial com a resolução do exercício no qual ele apresentou dificuldades.

b) Diferença de experiência e ritmo de aprendizagem entre os alunos: os tutoriais exibem passo a passo a resolução do exercício no qual o aluno, que evidenciou sinais de frustração, não conseguiu resolver. O aluno pode retornar aos passos iniciais quantas vezes quiser. Ou então, avançar rapidamente, caso tenha ocorrido um erro pontual que poderia deixá-lo frustrado.

c) Pouco uso dos monitores da disciplina: tal percepção vai ao encontro do que é destacado em nossa pesquisa, de que alguns alunos – por timidez ou insegurança – não solicitam auxílio, seja para o professor ou para os monitores. Assim, os recursos de apoio adicionados à ferramenta são proativos, procurando antecipar a necessidade de auxílio do aluno que evidencia sinais do estado afetivo de frustração.

d) Ausência de bons materiais: os tutoriais preparados pelo professor são interativos e permitem ao aluno controlar o ritmo da exibição dos quadros

30

explicativos. Assim, o aluno pode pular rapidamente as etapas já compreendidas por ele e focar nas que ele apresenta maiores dificuldades.

e) Problemas de natureza afetiva: Em nossa pesquisa, busca-se justamente detectar a ocorrência de um destes problemas - a frustração, fazendo com que ela possa ser transformada em uma oportunidade de aprendizado para o estudante.

2.4. Abordagens de Apoio a Aprendizagem

Auxiliar alunos com problemas de aprendizado não é uma tarefa simples. Conforme Vianin (2013) as questões ligadas ao fracasso escolar são sempre complexas e não existem receitas prontas ou métodos milagrosos. E as dificuldades a serem superadas na disciplina de Algoritmos são inúmeras – conforme ilustra o tópico anterior. Alguns autores, como Caspersen e Kölling (2009), ressaltam que muitas destas dificuldades podem estar relacionadas à relativa imaturidade da disciplina, visto que a experiência no ensino de Algoritmos não ultrapassa algumas décadas. Desta forma, serão destacadas nesta secção, algumas referências com indicações de apoio que podem ser aplicados para mitigar a dificuldade dos alunos com o aprendizado de Algoritmos.

As pesquisas consultadas buscam dar auxílio aos alunos com problemas de aprendizado focando em: i) utilizar sistemas computacionais com o objetivo de apoiar o atendimento ao aluno; ii) considerar os aspectos afetivos dos estudantes no processo de ensino-aprendizagem de Algoritmos; e iii) adotar uma estratégia diferenciada de atendimento ao aluno com dificuldades de aprendizagem.

O uso de sistemas computacionais visando auxiliar o professor no atendimento aos alunos de Algoritmos é uma alternativa explorada em diversos trabalhos – como indica Ribeiro, Brandão e Brandão (2012) – visto que, em turmas com elevado número de estudantes este atendimento se torna inviável de ocorrer de forma individualizada. Pode-se destacar nesta primeira abordagem, a pesquisa de Raabe e Silva (2005) que desenvolveram o ambiente de programação denominado ALICE (*Algorithm Learning Internet-based Computer Environment*) que oferece subsídios ao professor para monitorar as atividades realizadas pelos alunos. Os autores destacam que considerar a diversidade de problemas que afetam a aprendizagem dos alunos é uma tarefa desafiadora e com grande demanda de trabalho. Desta forma, construir ferramentas computacionais que possam auxiliar o professor nesta tarefa é de grande valia.

A segunda abordagem, que busca considerar os aspectos afetivos dos estudantes, possui como referências os estudos de Picard (1997), que salientam a importância da afetividade para o aprendizado dos estudantes. Longhi (2011) destaca que detectar os estados afetivos dos estudantes pode tornar os sistemas computacionais mais adaptativos facilitando a assimilação do conhecimento. Jaques e Viccari (2005) reforçam a importância da afetividade para a educação, ressaltando que:

> Psicólogos e pedagogos têm apontado a maneira como as emoções afetam a aprendizagem (Goleman, 1995; Piaget, 1989; Vygotsky, 1994). De acordo com Piaget (1989), o papel acelerador ou perturbador da afetividade na aprendizagem é incontestável. Ele afirma que uma boa parte dos estudantes que são fracos em matemática falha devido a um bloqueio afetivo. Os trabalhos de Izard (1984) mostram que emoções negativas induzidas prejudicam o desempenho em tarefas cognitivas, e emoções positivas têm um efeito contrário.

Com relação a terceira abordagem que destaca o uso de estratégias diferenciadas para apoiar os alunos com problemas de aprendizado, Vianin (2013) em sua obra denominada "Estratégias de Ajuda a Alunos com Dificuldades de Aprendizagem" fornece indicativos valiosos sobre o tema. Dentre eles, o autor cita que muitos alunos aprendem a partir da resolução de vários exercícios. Outros, contudo, fracassam sistematicamente porque não compreendem sozinhos como proceder e persistem em utilizar um procedimento que não é apropriado. Assim, segundo o autor, deve-se adotar uma estratégia diferenciada de mediação para apoiar estes alunos, que contemple uma variação das formas de ensino tradicionalmente aplicadas a eles.

Desta forma, entende-se que desenvolver um sistema computacional, que considere os aspectos afetivos dos estudantes e adote uma estratégia de ensino diferenciada, ou seja, disponibilize aos alunos uma explicação detalhada em um outro formato do conteúdo abordado, pode se constituir em uma solução que permita ao aluno com dificuldades avançar nos seus estudos de forma satisfatória no curso.

32

2.5. Trabalhos Relacionados Sobre Ensino de Algoritmos

As pesquisas relacionadas ao ensino de Algoritmos buscam apresentar alternativas visando tornar a resolução de programas uma tarefa menos árdua para os alunos iniciantes dos cursos de Computação. A criação de ambientes e ferramentas para auxiliar a aprendizagem dos alunos ou de jogos didáticos voltados para a representação das ações passo a passo de um algoritmo, são exemplos de trabalhos desenvolvidos para atingir esta finalidade.

No trabalho de revisão da literatura de artigos que focam no ensino de Algoritmos, realizado por Aureliano e Tedesco (2012), as autoras selecionaram para análise 31 dos 79 artigos publicados entre os anos de 2002 e 2011 no SBIE e WEI. Dois dos artigos citados na tabela 2.2 (Ferramenta de personalização e acompanhamento da resolução de exercícios e Ferramenta que usa técnicas de Computação Afetiva para detectar nível de frustração dos alunos) foram desenvolvidos em etapas da presente tese, conforme pode ser verificado no Apêndice A.

Ribeiro, Brandão e Brandão (2012) realizaram um levantamento semelhante, utilizando como critério de classificação dos artigos publicados nos últimos anos no SBIE, WIE e WEI uma proposta de Pereira Júnior e Rapkiewicz (2004) que organiza os trabalhos em três vertentes: Ferramentas, Estratégias e Ferramentas Associadas a Estratégias. Na categoria Ferramentas são destacados os projetos de Sistemas Tutores Inteligentes (STI) utilizados em ambientes destinados ao aprendizado de programação, como em Gomes et al. (2011) ou para o gerenciamento de conteúdos das disciplinas, como por exemplo em Neto e Schuvartz (2007). Nesta linha há também trabalhos utilizando a Robótica como fator motivacional, como em Miranda et al. (2007) e Pio et al. (2006). Os trabalhos desenvolvidos em etapas da presente tese são citados pelos autores nesta categoria: uso da Computação Afetiva visando personalizar o nível e tipo de conteúdo a ser estudado (IEPSEN; BERCHT; REATEGUI, 2010), e o fornecimento de dicas durante a resolução de um exercício em momentos de frustração (IEPSEN; BERCHT; REATEGUI, 2011). Na categoria Estratégias, são destacadas as tendências para o ensino de programação que focam em: a) Métodos de avaliação, como o trabalho de Jesus e Raabe (2009) que traz uma interpretação da Taxonomia de Bloom dentro do contexto da Computação introdutória; e b) Métodos para motivação, como em Piva Jr. e Freitas (2010). Por fim, na categoria Ferramentas Associadas a Estratégias são destacados trabalhos direcionados para a avaliação e acompanhamento do aprendizado, como em Neto et al. (2006), e na utilização de jogos como motivação (REBOUÇAS et al. 2010).

Ainda na linha de ferramentas associadas a estratégias deve-se também destacar o trabalho de Barcelos (2012) que utiliza dispositivos móveis na construção do conhecimento em Algoritmos e programação, considerando os estilos de aprendizagem dos estudantes. A estratégia educacional empregada envolveu o uso do ciclo de aprendizagem de Kolb, onde são trabalhadas as experiências concretas, a reflexão e a observação. O ciclo compreende as etapas de experimentar, refletir, pensar e agir. Estas ações são investigadas no auxílio ao ensino de Algoritmos.

A pesquisa desenvolvida por Barcelos (2012) difere de nosso trabalho no sentido de que Barcelos (2012) busca apoiar o aprendizado do aluno a partir de dispositivos móveis que podem ser utilizados para a construção do conhecimento em qualquer hora e em qualquer lugar. Nosso trabalho busca detectar os estados afetivos dos alunos e auxiliar àqueles que evidenciam sinais de frustração, direcionando sua aplicação para apoiar os professores no atendimento às turmas com um grande número de alunos – nas atividades realizadas em sala de aula.

No trabalho desenvolvido por Raabe e Silva (2005), já abordado no tópico anterior, os autores desenvolveram um Sistema Tutor Inteligente (STI) dispondo de um conjunto de recursos para apoiar alunos e professores. Aos alunos, a ferramenta forneceu um repositório de materiais didáticos – como apostilas, tutoriais, códigos-fonte, etc. e uma seção direcionada a tarefas práticas, com questões objetivas e dissertativas organizadas em exercícios elaborados pelos professores ou pelo próprio ambiente. Ao professor é disponibilizado o registro de chamadas, das notas obtidas em avaliações presenciais, envio de recados aos alunos, gerenciamento das dificuldades de aprendizagem e exibição dos acessos dos alunos ao sistema. Neste trabalho, os aspectos afetivos dos alunos não foram contemplados nos recursos de apoio ao aluno, segundo relato dos autores.

Trabalhos internacionais que abordam o assunto seguem linhas semelhantes aos trabalhos nacionais anteriormente destacados. Piteira e Costa (2012) destacam que os trabalhos elaborados para apoiar o ensino e a aprendizagem de programação de computadores baseiam-se no desenvolvimento de ferramentas e estratégias visando

34

auxiliar no grande desafio de ensinar Algorítmos. Os autores identificam em seu trabalho as principais dificuldades encontradas pelos alunos em cada tópico tratado na disciplina de Algoritmos.

O trabalho desenvolvido por Rodrigo e Baker (2009) busca identificar a frustração do aluno na disciplina de Algoritmos, a partir da aplicação de uma fórmula matemática extraída das ações do aluno durante a realização de programas utilizando o framework BlueJ. A principal diferença entre a proposta dos autores e a pesquisa aqui realizada é que em nosso trabalho busca-se auxiliar o aluno no momento em que ele passa a apresentar sinais do estado afetivo de frustração. Além disso, acredita-se que uma ferramenta que utiliza pseudocódigo possa evitar uma série de possíveis dificuldades de um aluno iniciante com o framework BlueJ, que, para alguns autores, é mais adequado para o ensino de Programação Orientada a Objetos (BARNES; KÖLLING, 2008).

Em outro exemplo, Tan, Ting e Ling (2009) investigam os fatores que levam às dificuldades de aprendizagem de programação e abordam alternativas para o ensino no artigo *Learning Difficulties in Programming Courses: Undergraduates' Perspective and Perception*. Eles realizaram um estudo que envolveu 182 estudantes da Universidade de Multimídia na Malásia e propuseram uma solução baseada em jogos de aprendizagem, que segundo os autores ampliou o interesse dos alunos na disciplina fundamental de *Computer Programming I.*

A abordagem baseada em jogos, geralmente é interessante para motivar os alunos. Contudo, entende-se que em alguns momentos, tal metodologia pode desviar o aluno das tarefas reais de desenvolvimento de programas experimentadas no dia-a-dia pelos profissionais da área. Para Jenkins (2002), o ensino de Algoritmos a partir de jogos é apreciado pelos alunos, mas há poucas evidências concretas de que esta forma de ensino tenha impacto na aprendizagem. Em nossa pesquisa, busca-se facilitar o processo de construção dos Algoritmos com a criação de uma ferramenta que permite a resolução dos exercícios a partir da digitação dos comandos em pseudocódigo. Nesta ferramenta, são adicionados recursos para capturar os aspectos afetivos do aluno, a fim de apoiar seu aprendizado quando este aluno evidenciar sinais de frustração.

A partir da apresentação dos trabalhos acima descritos pode-se observar que o tema é amplamente discutido e que há diversas pesquisas buscando minimizar as dificuldades de aprendizado dos alunos em Algoritmos, seja com a criação de ferramentas de apoio ou com a proposição de estratégias diferenciadas de ensino. Como destacado, entende-se que a pesquisa desenvolvida nesta tese difere dos trabalhos realizados pelos autores aqui citados, no sentido de detectar os alunos que evidenciam sinais de frustração na realização dos exercícios de Algoritmos e direcionar um apoio específico para estes alunos.

2.6. Considerações Finais deste Capítulo

Este capítulo buscou apresentar uma visão geral da disciplina de Algoritmos, destacando sua importância para os cursos da área de Computação, bem como, as principais dificuldades encontradas pelos estudantes com os conteúdos e habilidades trabalhados nesta disciplina. Foram destacadas também algumas alternativas visando auxiliar aos alunos a suprir tais dificuldades e exemplos de trabalhos relacionados ao tema.

O gráfico exibido na figura 2.4 – que representa os percentuais de aprovação e reprovação dos alunos em Algoritmos de um Instituto Federal de Educação do RJ, mostrando taxas de reprovação superiores a 50% em três semestres analisados – ilustra bem a necessidade de buscar soluções para que o sonho de inúmeros estudantes de trabalhar em Computação não seja interrompido ainda nos primeiros semestres da faculdade.

As adversidades encontradas pelos alunos no aprendizado de Algoritmos e que acabam por gerar tais percentuais de reprovação podem ocasionar nos alunos diferentes estados afetivos desconstrutivos para o processo de aprendizagem, entre eles a frustração. A necessidade excessiva de cuidados com a sintaxe dos comandos, a falta de visão sobre o problema a ser solucionado e a incapacidade de abstrair o funcionamento das estruturas de programação utilizadas, são exemplos de obstáculos destacados por Tobar et al (2001), que podem tornar frustrante o primeiro contato dos alunos com a programação de computadores. Diante de tais percepções, optou-se por focar neste trabalho na detecção deste estado afetivo em particular.

Os estudos conduzidos por esta pesquisa se apoiaram nos autores Damasio, Picard e Piaget quanto à influência do afeto no processo de aprendizagem, nas pesquisas de Longhi quanto ao desenvolvimento de instrumentos / ferramentas que ao detectar determinados estados afetivos nos alunos passam a produzir diferentes ações no sistema e nos trabalhos de Raabe e Silva que elencaram as principais dificuldades dos alunos na aprendizagem de Algoritmos. A partir destas referências, foi desenvolvido o presente trabalho, representado por uma ferramenta computacional, que busca detectar os alunos que evidenciam sinais do estado afetivo de frustração para então, apoiar de forma proativa as suas atividades de aprendizagem em Algoritmos.

Salienta-se também que dentre os diferentes aspectos relacionados aos problemas que contribuem para a dificuldade de aprendizagem de Algoritmos, destacados por Raabe e Silva (2005), a presente pesquisa contempla um apoio aos alunos em cinco destes aspectos, que são: auxílio ao professor no trabalho com turmas com um grande número de alunos, respeito aos diferentes ritmos de aprendizagem entre os alunos, uso de apoio proativo, elaboração de bons materiais de estudo e foco na dimensão afetiva do estudante.

3. COMPUTAÇÃO AFETIVA

Este capítulo apresenta as definições básicas da área de Computação Afetiva delimitando os tópicos abordados neste trabalho. Após, são apresentadas as seções que visam destacar os principais termos usados em Computação Afetiva, bem como, as formas de detecção dos estados afetivos a partir de sistemas computacionais. Ao final, aborda-se em mais detalhes aspectos do estado afetivo frustração, alvo deste estudo.

3.1 Conceitos e Enfoques de Computação Afetiva Abordados

A Computação Afetiva, de acordo com Picard (1997), é o campo da Ciência da Computação que investiga como dar aos computadores a capacidade de reconhecer, compreender e até mesmo ter e expressar estados afetivos. Para a autora, um dos pressupostos da Computação Afetiva é o de que os sistemas computacionais sejam capazes de reconhecer e de inferir aspectos afetivos dos usuários como se estes fossem observados em terceira-pessoa.

Segundo Tao e Tan (2005), a Computação Afetiva tenta atribuir aos computadores capacidades humanas, como observação, interpretação e geração de comportamentos afetivos, melhorando assim a qualidade da comunicação humano-computador. Longhi (2011) destaca que a Computação Afetiva tem a disposição mecanismos de software e hardware para medir, representar e emular emoções, a fim de explorar aspectos relacionados a presença de manifestações afetivas em sistemas computacionais.

Como o computador faz parte do dia-a-dia das pessoas, a Computação Afetiva objetiva fazer com que os usuários sintam-se mais confortáveis com o uso dos sistemas computacionais. Por exemplo, dotar a máquina com a capacidade de percepção de que um usuário encontra-se desanimado, prestes a desistir de uma tarefa, pode permitir a um programa exibir ações alternativas ou motivacionais tornando mais rica a interação.

Duo e Song (2012) observam que a Computação Afetiva tem atraído os olhares de educadores por lhes possibilitar o desenvolvimento de ferramentas computacionais que avaliam os estados afetivos dos estudantes, permitindo assim, implementar estratégias de ensino adaptáveis ao estilo de aprendizagem de cada aluno. Inferir os estados afetivos dos alunos, segundo Jaques e Nunes (2012), pode auxiliar na previsão de possíveis evasões e de alguns estados afetivos que podem levar a um baixo desempenho escolar. Para as autoras, através da Computação Afetiva é possível trazer para o ambiente de aula virtual, características psicológicas humanas, tal como existem no mundo real, diminuindo assim pontos negativos existentes nestes ambientes – como, por exemplo, o tédio e a frustração.

Picard (2003) destaca quatro motivações para dar às máquinas habilidades emocionais:

- construção de robôs e personagens sintéticos que podem emular seres humanos e animais;

- tornar as máquinas mais inteligentes;

- tentar entender as emoções humanas, modelando-as;

- fazer com que a interação homem-máquina seja menos frustrante.

Sobre a quarta motivação, a autora destaca a realização de pesquisas visando identificar e reconhecer situações que frustram o usuário, percebendo não só o comportamento e as expressões do usuário, mas também o que o sistema estava fazendo neste momento. Com esta capacidade, a máquina poderia ajustar o seu comportamento, para então ajudar a reduzir a frustração do usuário.

A quarta motivação da autora, também norteia o desenvolvimento desta tese. A figura 3.1 apresenta um mapa conceitual com alguns conceitos e subáreas da Computação Afetiva. Os quadros em destaque são utilizados nesta pesquisa. A apresentação deste mapa conceitual tem por objetivo delimitar os assuntos tratados neste estudo, bem como, dar uma visão geral dos relacionamentos entre eles.

39

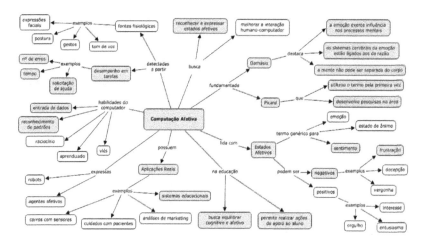

Figura 3.1 – Mapa Conceitual sobre Computação Afetiva: aspectos abordados
e suas relações.
Fonte: o autor

3.2. Termos Principais da Área de Computação Afetiva

Neste tópico, discorrer-se-á sobre os principais termos utilizados em Computação Afetiva. Em alguns casos, termos como emoção, estado de ânimo, afetividade, sentimento, paixão são usados de modo indiscriminado, não apresentando uma diferença bem delineada entre eles (LONGHI; BEHAR; BERCHT, 2009). Isso ocorre, em parte, porque vários autores e pesquisadores não chegaram a um consenso sobre seus significados e noções. Cornelius (1996) indica que as experiências e as expressões das emoções são dependentes de regras ou convenções aprendidas e que as culturas diferem no modo de conceituar as emoções. Beedi, Terry e Lane (2005) observam que, considerando-se iguais experiências individuais, podem existir dificuldades de linguagem para explicar as diferenças entre os termos. Longhi, Behar e Bercht (2009) chegam a afirmar que o estudo da afetividade é dificultado pela confusão de significados dos termos a ela relacionados, impossibilitando o reconhecimento das diferenças entre os estados afetivos. Contudo, todos eles concordam sobre a importância da afetividade e de sua influência nos processos de tomada de decisão, na aprendizagem e na comunicação social.

Smith (2004) também destaca a relevância da afetividade, quando afirma que os fenômenos afetivos são percebidos como sinais ricos de informação, que alertam,

40

motivam e preparam o indivíduo para responder às exigências de adaptação, agindo conforme as circunstâncias.

Pode-se utilizar a palavra paixão para exemplificar a abrangência que um destes termos utilizados em Computação Afetiva pode assumir. Uma pesquisa no Google para o termo retorna cerca de 41.300.000 referências de páginas. Há páginas discutindo sobre a diferença entre amor x paixão, paixão x sentimento e paixão x sofrimento. Ou seja, conforme o contexto muitas são as definições e relacionamentos para o termo. Assim, a seguir destaca-se e uniformizam-se os conceitos principais dos termos afetividade, afeto, sentimentos, emoções e estados afetivos, conforme as definições dos principais autores da área de Computação Afetiva, no contexto desta pesquisa.

A afetividade, conforme Bercht (2001), é entendida como todo o domínio das emoções propriamente ditas, das experiências sensíveis e da capacidade em se poder entrar em contato com as sensações, enquanto que, afeto é o termo genérico do universo da afetividade. É o afeto que permite a um agente biológico relacionar-se com outros objetos e agentes através de sensações, sentimentos e cognições.

Outro termo de destaque no estudo de Computação Afetiva é emoção. A palavra emoção origina-se do latim *emovere* e tem por significado colocar em movimento. Neste sentido, Piaget (2005) destaca o quanto o aspecto afetivo é fator energético para o desenvolvimento intelectual utilizando a metáfora da gasolina e do automóvel - onde esta "energia" pode influenciar o funcionamento da aprendizagem. Já estado afetivo é o conjunto das características que determinam a emoção em um indivíduo, num dado instante (BERCHT, 2001). Por fim, estado de ânimo pode ser destacado, como sendo o estado de humor baseado na disposição do espírito do sujeito (LONGHI; BERCHT; BEHAR, 2008).

Longhi (2011) destaca as principais diferenças entre dois destes termos: emoção e estado de ânimo. Com base em pesquisas, a autora afirma que, em suma, cada termo apresenta as seguintes características:

Emoção: a) é desencadeada a partir de uma situação significativa e de conteúdo cognitivo; b) possui grau de intensidade variável; c) é expressa num espaço de tempo breve (segundos ou minutos); d) influi no comportamento e dirige o curso de uma ação.

41

Estado de ânimo: a) é um episódio difuso; b) de baixa intensidade; c) sem causa aparente; d) de longa duração.

Segundo Longhi, Bercht e Behar (2008), o termo emoção é empregado, no senso comum, para designar quase todos os fenômenos relacionados à afetividade. Entretanto, o termo genérico da afetividade é estado afetivo ou afeto, que inclui a emoção e muitos outros (BERCHT, 2001).

Com relação aos componentes da emoção, Benyon (2011) descreve que existe uma concordância entre os estudiosos da área apontando para três componentes principais: a) a experiência subjetiva ou os sentimentos de medo; b) as mudanças fisiológicas associadas que ocorrem no SNA (o Sistema Nervoso Autônomo, que interliga órgãos como o coração e o estômago ao sistema nervoso central incorporado ao cérebro e à medula) e no sistema endócrino (as glândulas e os hormônios que elas liberam). Sabe-se de alguns, mas não de todos (por exemplo, o tremor de medo) e temos pouco ou nenhum controle consciente sobre eles; c) o comportamento evocado, como sair correndo.

Ekman (1999) classifica as emoções em primárias (básicas ou utilitárias) e secundárias (ou sociais). Segundo o autor, as emoções básicas são seis: medo, surpresa, aversão, raiva, felicidade e tristeza. Elas são geralmente consideradas universais - reconhecidas e expressas da mesma forma em todas as culturas. Já as emoções secundárias são adquiridas a partir das primárias, à medida que se vivencia um conjunto de situações no dia a dia do indivíduo. Por exemplo, em um ambiente escolar, um aluno pode se deparar com sentimentos negativos (frustrações, decepções, sentimentos de culpa e vergonha, ciúme, inveja, etc.) ou positivos (interesse, entusiasmo, orgulho, etc.). Quase sempre, o emprego da palavra emoção relaciona-se tanto com as emoções primárias quanto com as secundárias. No entanto, as primárias são as que se manifestam de modo espontâneo e súbito, com alta intensidade, enquanto que, as secundárias se fazem sentir por mais tempo (LONGHI, 2011).

Nesta pesquisa, utiliza-se o termo estado afetivo, que é um termo mais abrangente, utilizado para designar fenômenos ligados à afetividade. Ele pode ser entendido como um termo genérico da afetividade, que inclui emoção, estados de ânimo, motivação, sentimento, paixão, personalidade, temperamento e outros

(BERCHT, 2001). Longhi (2011) observa que o estado afetivo denota o conjunto de condições ou disposições psicológicas e biológicas ligadas à afetividade.

Já os sentimentos, conforme Bercht (2001) são as percepções de todas as mudanças que constituem as respostas às emoções ou as diferentes ações e construções engendradas pelas emoções. Assim, a frustração é um estado afetivo e pode ser entendida como um sentimento – já que é uma resposta a uma emoção percebida pelo usuário.

Desta forma, entende-se que o uso dos termos "estado afetivo" – como um termo abrangente e resultante dos fenômenos ligados à afetividade – e, em determinados momentos, "sentimento", permitem caracterizar adequadamente a frustração. Eles são utilizados nesta pesquisa para denotar a frustração.

3.3. A Importância da Afetividade

A fundamentação que ressalta a importância de considerar as emoções no comportamento humano vem da obra de Antonio Damásio. O neurocientista português escreveu os livros "O Erro de Descartes" (1996) e "O Mistério da Consciência" (2004). Nas obras, o autor aborda questões sobre como o cérebro processa a memória, a linguagem, a emoção e as nossas próprias decisões.

No livro "O Erro de Descartes", Damásio destaca o papel da emoção e do sentimento para o indivíduo. Segundo ele: a) a emoção exerce influência nos processos mentais; b) os sistemas cerebrais destinados à emoção estão intrinsecamente ligados aos sistemas destinados à razão; c) a mente não pode ser separada do corpo.

O livro possui este nome "O Erro de Descartes" porque Descartes acreditava na separação entre corpo e mente. Para ele, a mente só precisava do corpo para poder funcionar, sem nenhuma outra conexão entre eles. Mas Damásio acredita justamente o contrário, que corpo e mente estão intimamente conectados, sendo que a mente comanda todo o corpo, mas são as sensações que o corpo manda para a mente juntamente com a cognição que induzem-na a funcionar daquela maneira. E, desta forma, contrapõe o dualismo cartesiano no qual a mente é independente do corpo e das emoções.

O emprego dos recursos e técnicas de Computação Afetiva na educação possui uma grande variedade de benefícios e exemplos de aplicações, inclusive na Educação à

43

Distância. Como nesta modalidade de ensino o contato entre professor e aluno é mais restrito, as características da Computação Afetiva de detectar os aspectos afetivos dos alunos e também de expressar emoções a partir de agentes computacionais podem ser melhor percebidas. Os aspectos afetivos inferidos pelos sistemas usados pelos alunos na EAD podem fornecer indicativos do nível de aprendizado de uma turma. Por outro lado, a expressão de emoções a partir dos agentes pode incentivar e animar os alunos para a realização de tarefas de forma mais afetiva.

Segundo Picard et al (2004), um dos pontos relevantes dos estudos da Computação Afetiva na educação é o de buscar corrigir um desequilíbrio no uso do computador como ferramenta de ensino que privilegia o cognitivo sobre o afetivo. O afeto está complexamente interligado com a cognição para orientar o comportamento racional, a recuperação de memória, a criatividade, entre outros. O termo cognição refere-se ao conjunto de processos mentais que participam na aquisição de conhecimento, na percepção do mundo (e de nós mesmos) e de como este mundo é representado (LONGHI, BEHAR e BERCHT, 2009).

A inferência dos estados afetivos dos alunos, conforme Bercht (2001), permite a sistemas computacionais realizarem ações pedagógicas de auxílio ao aprendiz ou, em um curso à distância, buscarem a interferência dos tutores de acordo com estes estados inferidos. Alunos que demonstram desânimo ou abatimento, por exemplo, deveriam receber atenção especial de um agente computacional ou tutor humano, buscando reanimá-los para a realização das atividades.

3.4. Detectando as Emoções

Para reconhecer emoções em um sistema computacional podem ser utilizadas técnicas para o reconhecimento de padrões. A lista abaixo é citada por Benyon (2011), que resgata as habilidades que um computador deve ter para poder discriminar emoções, descritos em trabalhos da pesquisadora Picard realizados na década de 90:

- Entrada: receber uma variedade de sinais de entrada como sinais faciais, gestos de mão, postura, andar, respiração, resposta eletrotérmica, temperatura, eletrocardiograma, pressão sanguínea, volume de sangue e eletromiograma (exame que mede a atividade dos músculos).

- Reconhecimento de padrão: realizar a extração e classificação de características destes sinais. Por exemplo, analisar características de movimento de vídeo para diferenciar uma careta de um sorriso;

- Raciocínio: prevê a emoção subjacente com base no conhecimento sobre como as emoções são geradas e expressas. Esse raciocínio requer que o sistema raciocine sobre o contexto da emoção, bem como tenha um amplo conhecimento de psicologia social;

- Aprendizado: à medida que o computador passa a "conhecer" alguém, aprende quais dos fatores mencionados acima são mais importantes para aquele indivíduo e torna-se melhor e mais rápido para reconhecer suas emoções.

- Viés: o estado emocional do computador, se ele tiver emoções, influencia o seu reconhecimento de emoções ambíguas.

- Saída: o computador identifica (ou descreve) as expressões reconhecidas e a emoção provavelmente subjacente.

Aplicações reais para muitas dessas dimensões podem ser observadas atualmente. Por exemplo, no segmento automotivo, há carros com câmeras, sensores com radar e raios infravermelhos – com computadores que acionam os freios do veículo em caso de perigo. Uma análise de 70 parâmetros reconhece o estilo de dirigir do motorista e consegue identificar se ele está cansado e menos alerta. Um sinal sonoro e um ícone exibindo uma xícara de café indicam que é hora de uma parada. Na área de marketing e comportamento social também estão sendo desenvolvidas ferramentas que utilizam técnicas de Computação Afetiva. A análise das expressões faciais permite verificar se as pessoas sorriem quando uma determinada propaganda é exibida, e assim, detectar se um dos objetivos de um comercial foi atingido. Ainda nesta linha de pesquisa, Ren e Quan (2012) desenvolveram um sistema de apoio à gestão do relacionamento com o cliente, que explora técnicas de Computação Afetiva para medir a satisfação do cliente.

Para a elaboração de dispositivos computacionais que possam lidar com as emoções, Benyon (2011), destaca que existem três aspectos básicos a serem considerados neste processo: a) fazer com que sistemas interativos reconheçam emoções humanas e se adaptem de acordo com elas; b) conseguir que sistemas interativos sintetizem emoções e, portanto, pareçam mais envolventes ou desejáveis; c) criar um design de sistemas que provoquem uma resposta emocional das pessoas ou que permitam que elas expressem emoções.

Conforme Picard e Dayli (2008) no seu artigo *"Evaluating affective interactions: Alternatives to asking what users feel"*, os dados de um usuário podem ser adquiridas a partir de fontes fisiológicas, bem como, de desempenho em tarefas, também denominadas observações comportamentais. As autoras ainda afirmam que há muito espaço para a descoberta de novos métodos, sendo estes apenas algumas destas possibilidades. A seguir, são destacados alguns dos métodos utilizados para a detecção dos estados afetivos por fontes fisiológicas e por observações comportamentais dos usuários.

3.4.1. Fontes Fisiológicas

Os métodos fisiológicos utilizam computadores dotados de dispositivos sensoriais capazes de detectar mudanças fisiológicas nos usuários e, então, associá-las a estados afetivos. No entanto, detectar mudanças e atribuí-las ao estado afetivo correto são dois problemas diferentes (Benyon, 2011). Neste processo, podem ocorrer erros de interpretação, tanto entre pessoas, quanto entre pessoas e máquinas – como pode-se observar em Hoque, McDuff e Picard (2012). Os autores analisam aspectos de um sorriso que pode estar relacionado à frustração ou prazer de um usuário.

Benyon (2011), referenciando a obra de Picard (1997), classifica estes métodos fisiológicos em dois grupos: os Aparentes para outras pessoas e os Menos aparentes para outras pessoas. A tabela 3.1, exibe os componentes de cada um destes grupos.

Tabela 3.1 – Formas de detecção a partir de fontes fisiológicas.

Aparentes para outras pessoas	Menos aparentes para outras pessoas
Expressão facial	Respiração
Entonação de voz	Ritmo cardíaco, pulsação
Gesto, movimento	Temperatura
Postura	Resposta eletrodérmica, transpiração
Dilatação das pupilas	Potenciais de ação muscular
	Pressão sanguínea

Fonte: Benyon (2011)

46

Existem diversas pesquisas que empregam os métodos fisiológicos para a detecção dos estados afetivos dos usuários de sistemas computacionais. Como, por exemplo, Woolf et al (2009), que utiliza quatro dispositivos para realizar esta captura: a) sistemas de detecção da expressão facial, a partir de dispositivos como webcam; b) cadeira com sensor para análise de postura; c) sensor de pressão do mouse; d) sensores de pele. A figura 3.2 ilustra os dispositivos utilizados para a detecção.

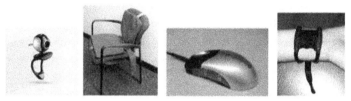

Figura 3.2 – Dispositivos para detecção das emoções
Fonte: Woolf et al. (2009)

Há também sistemas comerciais utilizando fontes fisiológicas para a detecção de emoções, como o software Visual Recognition (http://www.visual-recognition.nl/), que é utilizado para detecção de emoções em imagens capturadas pela webcam. O sistema, comercializado pela Universidade de Amsterdam, é capaz de detectar a face e analisar automaticamente as expressões faciais de usuários, exibindo um valor percentual para a avaliação de seis estados: felicidade, surpresa, raiva, nojo / desgosto, medo e tristeza. O software mapeia o rosto a partir de um modelo computacional e calcula as expressões faciais com base nos pontos da face, tais como a curvatura dos lábios, a posição do supercílio, face e contração (conforme Paul Ekman em *Facial Action Coding System*). A Figura 3.3 apresenta um teste realizado pelo autor deste trabalho utilizando o software Visual Recognition.

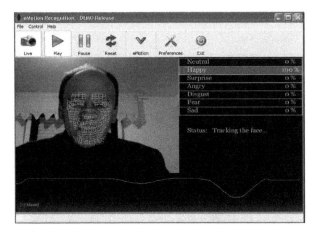

Figura 3.3 – Tela do Software Visual Recognition
Fonte: uso do software pelo autor

A detecção dos estados afetivos a partir de fontes fisiológicas foram analisadas para uma possível implementação neste trabalho. Contudo, conforme argumenta Rajendran (2011), o uso de sensores de hardware, embora possível de ser implantado em um ambiente laboratorial, são difíceis de serem implementados em sala de aula ou laboratórios escolares, quando se deseja atender a um grande número de alunos. Além disso, por entender-se que um ambiente para o desenvolvimento de Algoritmos produz um conjunto de informações que podem estar fortemente associados ao estado afetivo de frustração do aluno, optou-se por utilizar nesta tese a detecção a partir das variáveis comportamentais. Esta forma de detecção é apresentada no tópico a seguir.

3.4.2. Observações Comportamentais (Desempenho em Tarefas)

Diversos são os grupos de aplicativos que se utilizam das variáveis comportamentais baseadas no desempenho em tarefas ou arquivos de logs para identificar o comportamento dos seus usuários. Na área de segurança de sistemas, por exemplo, os arquivos de logs buscam identificar usuários com atividades suspeitas em um sistema, a fim de detectar intrusões, buscando assim direcionar estes usuários para armadilhas conhecidas como Honeypots (STALLINGS, 2008).

O uso da Computação Afetiva na educação pode ocorrer pelo reconhecimento das emoções a partir do comportamento observável do aluno – que são as ações do

48

aluno no uso de sistemas computacionais, como por exemplo, número de erros em questões sobre um tema, tempo dedicado a resolução de um mesmo exercício, número de tentativas de executar corretamente uma atividade ou clique nos botões de dicas. E, sobre este comportamento, aplica-se um modelo computacional para relacioná-los a determinados estados afetivos. Ou seja, avalia-se os eventos antecedentes ao estado afetivo detectado (LONGHI; BEHAR; BERCHT, 2009). Para relacionar este comportamento observável a um estado afetivo pode-se analisar as tarefas realizadas por um aluno na utilização do sistema computacional em questão. Ou seja, procura-se detectar padrões de comportamento para realizar esta associação.

Segundo Bercht (2001), os estados afetivos detectados a partir das observações comportamentais de um usuário são todas as ações deste usuário no ambiente que o sistema pode perceber. São exemplos de observações comportamentais passíveis de serem obtidas em um sistema computacional, o tempo que um aluno demora para realizar uma tarefa, o número de erros que ele comete na execução de uma atividade, a solicitação de ajuda, uso do botão voltar e as palavras utilizadas em comentários.

Uma série de trabalhos na área educacional se utiliza de variáveis obtidas a partir da análise do desempenho do aluno em tarefas. Pode-se citar a pesquisa de Graf (2007) que analisa os diferentes padrões de comportamento dos alunos na utilização no ambiente MOODLE. As seguintes variáveis comportamentais são detectadas: número de acessos e de postagens no fórum, número de vezes em que o aluno participa do chat e o tempo que leva para realizar os exercícios. Também nesta linha de pesquisa, Jaques e Vicari (2005) utilizam variáveis comportamentais para inferir os estados afetivos dos alunos. As autoras desenvolveram um agente pedagógico denominado PAT que infere as emoções dos alunos a partir do seu comportamento observável, ou seja, pelas ações do estudante na interface do sistema. São exemplos de ações detectadas pelo agente: tempo de execução de uma atividade, sucesso ou falha na resolução de um exercício, solicitação de ajuda, etc. Já Rajendran (2011) busca identificar os estados afetivos dos estudantes, que utilizam Sistemas Tutores Inteligentes (STI), examinando padrões nos *logs* dos alunos. Informações de análise das respostas dos alunos às perguntas do sistema, número de tentativas para acertar uma questão e tempo utilizado para a execução de várias atividades foram relacionadas para a associação com os estados afetivos.

3.5. Frustração

A frustração é um estado afetivo resultante da ocorrência de um obstáculo que impede a satisfação de uma necessidade, conforme Lawson (1965). Em sua tese sobre detecção e medição de frustração com computadores, Reynolds (2001) busca definições na Psicologia, que vê a frustração como um sentimento negativo que surge quando uma tentativa de atingir um objetivo é contrariada. Amsel (1992) indica que uma das principais causas da frustração está relacionada com o atraso na obtenção de respostas condicionadas. Há também um conjunto de autores na literatura sobre o tema que relacionam frustração com agressão (LAWSON, 1965).

Rosenzweig (1934) afirma que a frustração é um fenômeno originado pela privação, não satisfação ou conflito envolvendo estados impeditivos ou criadores de obstáculos à consumação de um impulso ou de uma necessidade. O autor classifica as frustrações em quatro tipos: a) passivas externas: (exemplo: um objeto inanimado que esteja colocado entre o indivíduo e a sua meta); b) ativas externas (exemplo: um perigo físico que separe a pessoa do seu objetivo) c) passivas internas (exemplo: as próprias inaptidões do indivíduo); d) ativas internas (ex: os conflitos intrapsíquicos que resultam das necessidades contravalentes).

Pesquisa realizada por Moura (2008) relaciona a frustração com um sentimento que surge no indivíduo frente às demandas requeridas no atual cenário globalizado, que requer capacidades, às vezes, exorbitantes. Tais demandas podem ser consideradas fontes contínuas de sentimentos de revolta, desesperança e depressão nos indivíduos. E esses sentimentos, que são considerados como universais ou próprios da natureza humana e que dependem de conjunturas específicas, como a história de vida do indivíduo e do contexto no qual ele está inserido, podem ser aglutinados no conceito de frustração.

Ainda conforme Moura (2008), a frustração é tradicionalmente compreendida sob dois diferentes prismas: a) em um primeiro aspecto, a frustração pode ser compreendida como a representação de um objeto impeditivo da realização de uma necessidade, algo externo ao sujeito, ou seja, um obstáculo ou um evento; b) em outro aspecto, a frustração é utilizada como um termo que se refere a um sentimento, que é um sentimento negativo representando insucesso ou tristeza por não ter-se atingido algo que se pretende. Assim, o fenômeno é compreendido sob estas duas subdivisões conceituais: frustração enquanto o próprio obstáculo e frustração enquanto um

50

sentimento. A tabela 3.2 apresenta um levantamento realizado pela autora, das definições de frustração classificados sob estes dois prismas.

Tabela 3.2 – Levantamento sobre definições de frustração.

Foco	Definição de Frustração	Autor
Impedimento ou obstáculo interno ou externo	A frustração provoca diferentes tipos de respostas sendo, uma delas, a instigação a alguma forma de agressão.	Miller (1941)
	A frustração está vinculada à privação de algo.	Davis (1958)
	Uma interferência que ocorre quando um indivíduo se encontra em uma sequência do comportamento.	Yates (1975)
	Estímulos aversivos desagradáveis que ativam afetos negativos, por meio de processos cognitivos, que são associados com tendências agressivas.	Berkowitz (1989)
	Ato de bloquear alguém de atingir ou alcançar uma gratificação esperada.	Dill e Anderson (1995)
	Ausência de um objeto externo suscetível de satisfazer a pulsão. Ato ou efeito de frustrar-se.	Laplanche e Pontalis (1998)
	Quando algo bloqueia a realização ou ameaça a continuidade de um objetivo que tem importância para o indivíduo.	Anderson (2000)
	Estado de tensão contra o qual o indivíduo que é afetado canaliza a sua energia, de uma maneira quase que determinada, para eliminar ou mesmo para evitar o problema.	Oliveira (2000)
	Bloqueio que um indivíduo sobre diante de uma meta ou objetivo.	Soto (2005)
Sentimento Emoção	"Estado em que fica um sujeito quando lhe é recusada ou quando ele se proíbe a satisfação de uma demanda de origem pulsional".	Roudinesco e Plon (1944)
	"Algo que ocorre sempre que o organismo encontra um obstáculo, ou uma obstrução, mais ou menos insuperável, no caminho que conduziria à satisfação de uma necessidade vital qualquer".	Rosenzweig (1976)
	Algo que ocorre na ausência de um objeto ou pelo encontro de um obstáculo na via da satisfação dos desejos.	Oliveira (2000)
	É um sentimento de não-realização ou não-satisfação diante de um destino que se distancia da vontade. O mais correto seria chamar o quadro de tristeza, mágoa, aborrecimento, desespero.	Ballone (2006)

Fonte: Adaptado de Moura (2008)

Na área educacional, pesquisas de Schank e Neaman (2001) reconhecem que o medo do fracasso é uma barreira significativa para a aprendizagem. Assim, Kapoor, Burleson e Picard (2007) acreditam que o tratamento deste fracasso pode ser realizado de várias maneiras: a) minimizando o desânimo do aluno pela redução das possíveis humilhações; b) desenvolvendo o entendimento de que as consequências das falhas serão mínimas; e c) fornecendo uma motivação que supera ou distraia os aspectos desagradáveis do fracasso. Os autores ainda destacam que a perseverança com a falha pode ser transformada em aprendizado, mas não pode levar a frustração intensa, que muitas vezes resulta no desejo do aluno de parar seus estudos, para evitar experiências semelhantes.

Neste sentido, torna-se importante destacar os principais tipos possíveis de reações dos alunos frente à frustração. Para Moura (2008), a frustração enquanto sentimento é identificada no sentir, que gera, a partir do agir, reações por instinto de sobrevivência. Essas reações são traduzidas em comportamentos e identificadas como reações à frustração. Aliado à Teoria Evolucionista, o processo da frustração apresenta uma reação cognitivo-emocional, ou seja, o indivíduo ao encontrar um obstáculo que impede a satisfação de uma necessidade busca estratégias para a solução do problema. Na Teoria Evolucionista, segundo a autora, a partir da frustração há uma reação que vai depender, dentre outros fatores, da leitura que o indivíduo faz da situação para procurar uma solução para o problema. Ele pode avaliar a situação como incontrolável ou controlável. Se incontrolável, pode gerar comportamentos que buscam evitar tal situação. Contudo, se a situação for considerada controlável, ele pode adotar comportamentos que buscam eliminar o problema. A figura 3.4 representa as etapas deste processo.

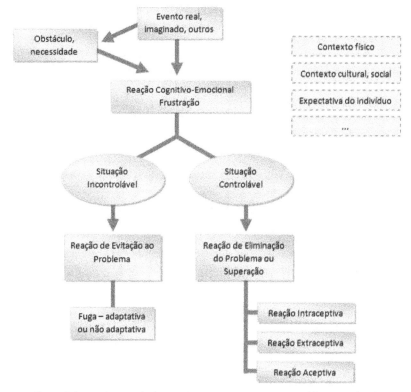

Figura 3.4 – A situação de frustração como um processo cognitivo-emocional.
Fonte: Moura (2008)

Quanto aos tipos de reação na busca pela eliminação do problema ou superação, a autora (MOURA, 2008) classifica as ações como:

a) intraceptivas: o indivíduo age por si mesmo, pode tomar uma atitude para resolver o problema, pode assumir a culpa pelo ocorrido ou, até mesmo, se auto-agredir em função do ocorrido;

b) extraceptivo: o indivíduo age, mas com interação com o meio, podendo exigir que alguém resolva o problema ou, até mesmo, agindo de forma agressiva, com ataque ao meio para eliminar o obstáculo;

c) aceptivo: o indivíduo enfrenta o problema, mas com a atitude de acreditar que, com o passar do tempo, tudo se resolve.

Já com relação a sistemas computacionais que trabalham com o estado afetivo de frustração, Hone (2006) afirma que o objetivo da criação de sistemas que respondam a frustração do usuário é desenvolver intervenções para tentar dissipar esta frustração. Kapoor, Burleson e Picard (2007) seguem a mesma linha, quando afirmam que desenvolver sistemas capazes de detectar se um aluno está frustrado pode permitir uma intervenção de forma positiva com vistas a auxiliar o aluno a utilizar a sua frustração como um indicador de uma oportunidade de aprendizagem.

Há diversas pesquisas que buscam inferir o estado afetivo de frustração do aluno, como em Kapoor, Burleson e Picard (2007) que utilizam equipamentos como câmeras de vídeo para capturar as expressões faciais do aluno, monitorar a condutividade da pele (sensor sem fio na mão não-dominante) e verificar a pressão aplicada ao mouse. O trabalho de Mentis e Gray (2002) utiliza sensores táteis para detectar estados afetivos negativos em sistemas computacionais, enquanto que, Qi, Reynolds e Picard (2001) buscam detectar a frustração dos usuários ao preencher formulários web, utilizando um mouse sensível a pressão.

Pour e Calvo (2011), desenvolveram um framework para a avaliação automática da usabilidade de sites, combinando métodos tradicionais com técnicas de Computação Afetiva. Testes de completude de tarefas, tempo, cliques do mouse e taxas de erro foram os indicadores capturados em cada página. Os resultados sugeriram uma maior frustração dos usuários quando as taxas de erro e tempo para a execução de tarefas foram maiores. Os autores observaram que a detecção dos estados afetivos pode ser um importante instrumento a ser associado aos métodos tradicionais, quando medidas de usabilidade apresentam valores semelhantes, como, por exemplo, em situações que visam diferenciar se uma página confundiu ou cativou um usuário.

Outro trabalho recente desenvolvido com o objetivo de detectar a frustração do usuário é a pesquisa elaborada por Hoque, McDuff e Picard (2012). Os autores buscam combinar informações faciais e da fala para reconhecer e distinguir quando um sorriso pode estar associado ao prazer ou a frustração do usuário. Já Cool e Ng (2012) realizaram um trabalho que busca identificar onde usuários que realizam pesquisas em sistemas de bibliotecas digitais precisam de ajuda e que tipo de assistência pode ser oferecida. Neste projeto que utiliza técnicas de Computação Afetiva, procura-se identificar sequências comportamentais que possam estar associadas a graus elevados de frustração do usuário.

3.6. Considerações Finais deste Capítulo

Neste capítulo foi apresentada uma breve descrição dos conceitos da área de Computação Afetiva, seus principais termos e as formas utilizadas para possibilitar a detecção das emoções humanas por um sistema computacional – que podem ocorrer a partir da análise dos dados obtidos a partir do uso de fontes fisiológicas, bem como, comportamentais (baseadas em tarefas).

Com relação aos termos, será utilizado neste projeto as palavras "estado afetivo" para denotar a expressão da afetividade – por ser a forma frequentemente utilizada nas referências sobre a área de Computação Afetiva. E, em determinados momentos, será empregado também o termo "sentimento" para referenciar a frustração, que é um estado afetivo e pode ser entendido como uma resposta a uma emoção percebida pelo usuário.

O foco deste trabalho é a detecção do estado afetivo de frustração. Assim, foram apresentadas definições sobre o termo, além de algumas classificações e formas de compreensão da frustração segundo autores da área. Foram destacados também, os tipos possíveis de reações dos alunos frente à frustração – aspecto importante do tema para este trabalho, visto que estudos de Burleson e Picard (2007) indicam que deve-se evitar a frustração intensa, que muitas vezes pode ocasionar a evasão do aluno. Para realizar o processo de detecção, foi escolhida a forma da análise das variáveis comportamentais do aluno enquanto ele utiliza a ferramenta. As razões que justificam esta escolha são: a) um ambiente de testes e execução de programas gera um grande conjunto de dados para análise – como, por exemplo, o número de compilações do programa com erros e o tempo utilizado para resolver o programa – que podem estar associados a um estado afetivo; b) A alternativa de utilizar equipamentos para inferir os sinais fisiológicos dos alunos apresenta alguns problemas. Em muitos casos, entende-se que o uso de equipamentos poderia inibir o comportamento dos alunos, além da dificuldade da instalação dos dispositivos nas aulas para turmas com um grande número de estudantes. O uso destes artefatos tecnológicos em ambientes educacionais, conforme Behar e col. (2009), ainda são onerosos e de difícil utilização, além de desconfortáveis e passíveis de interferir no reconhecimento dos estados afetivos.

Optou-se pelo estado afetivo frustração, nesta pesquisa, por ser comumente observado nos alunos nas aulas de ensino de Algoritmos e pela existência de vários estudos na área de Computação Afetiva que focam neste aspecto, como em Kapoor,

Burleson e Picard (2007), Klein (2002) e Pour e Calvo (2011). A nossa pesquisa, não se restringiu somente na identificação da frustração, mas também na elaboração de um conjunto de ações pedagógicas de auxílio aos alunos que evidenciam a ocorrência deste estado afetivo.

4. TÉCNICAS COMPUTACIONAIS UTILIZADAS NA PESQUISA

Este capítulo apresenta um referencial teórico de técnicas computacionais utilizadas no desenvolvimento da presente pesquisa. São destacados alguns conceitos relacionados à Mineração de Dados, técnica utilizada para formalizar o processo de identificação de padrões nos dados obtidos pelas interações dos alunos com a ferramenta de criação de Algoritmos. Após, são apresentadas as principais ferramentas disponíveis no mercado para realizar o processo de mineração de dados, destacando-se a ferramenta utilizada nesta pesquisa.

4.1. Mineração de Dados

Witten e Frank (2005) definem Mineração de Dados como o processo de descoberta de padrões em grandes volumes de dados, onde o processo deve ser automático ou semi-automático. Os padrões descobertos devem ser significativos, buscando trazer alguma vantagem no domínio em que são utilizados. A mineração de dados é parte integrante da descoberta de conhecimento em bancos de dados – KDD (*Knowledge Discovery in Databases*). Em um nível abstrato, a área de KDD busca o desenvolvimento de métodos e técnicas que procuram dar sentido aos dados. Da mesma forma, Fayyad et al (1996) destaca que a Mineração de Dados consiste no processo não-trivial de identificar padrões válidos, novos, potencialmente úteis e compreensíveis em grandes volumes de dados.

Elmasri e Navathe (2011) citam um relatório do popular Gartner Report, que indica que a Mineração de Dados é aclamada como uma das principais tecnologias para o futuro próximo. Isso porque o uso de sistemas computacionais em diversas áreas como finanças, medicina, ciências, educação e no comércio em geral, gera uma enorme quantidade de dados. Um médico, por exemplo, pode dispor da listagem das consultas de todos os seus pacientes nos últimos 10 anos. Contudo, extrair informações significativas dentre os dados exibidos neste formato é muito difícil para a capacidade humana. Surge, desta forma, uma necessidade de teorias e ferramentas computacionais capazes de auxiliar os seres humanos a extrair informações úteis (conhecimento) deste crescente volume de dados digitais (FAYYAD et al, 1996). Descobertas importantes poderiam ocorrer a partir da análise adequada dos dados em cada uma destas áreas.

Na pesquisa apresentada nesta tese, há também a geração de um grande volume de informações e registros armazenados em tabelas de um banco de dados. Cada ação realizada pelo aluno na ferramenta criada para validar esta pesquisa é armazenada, para assim detectar os padrões de comportamento que refletem o estado afetivo do estudante. Desta forma, torna-se importante buscar apoio na área de Mineração de Dados.

As aplicações na área de Mineração de Dados permitem, por exemplo, às operadoras de cartão de crédito extrair conjuntos de dados significativos de seus clientes (LAUDON; LAUDON, 2011), ou então, às empresas de comércio eletrônico, identificar padrões de comportamento dos consumidores para lhes recomendar produtos (TORRES, 2004). Na área educacional, também existem diversos trabalhos, como em Kampff (2009), que desenvolveu uma pesquisa para minerar dados educacionais a fim de gerar alertas em ambientes virtuais de aprendizagem como apoio à prática docente. No trabalho, a autora busca identificar por meio da mineração de dados, comportamentos e características de alunos com risco de evasão ou reprovação para, então, alertar ao professor.

O processo da mineração de dados, que busca a conversão de dados brutos em informações úteis, consiste de uma série de passos de transformação dos dados. Tan, Steinbach e Kumar (2009) denominam estes passos de pré-processamento, mineração de dados e pós-processamento dos resultados, conforme ilustra a figura 4.1.

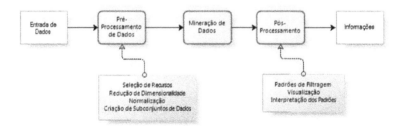

Figura 4.1 – Processo de descoberta do conhecimento.
Fonte: Tan, Steinbach e Kumar (2009)

58

A entrada de dados pode compreender arquivos de diversos formatos, como arquivos simples, planilhas eletrônicas e bancos de dados. Como pode ser observado pela figura 4.1, a etapa do pré-processamento consiste de várias atividades. Elmasri e Navathe (2011) também destacam a importância da preparação de dados. Para os autores, a mineração de dados precisa ser precedida por uma preparação significativa nos dados, antes de se gerar informações úteis que possam influenciar diretamente em decisões estratégicas para uma empresa ou segmento de pesquisa.

Na preparação dos dados, uma etapa importante é a transformação dos dados a serem submetidos à ferramenta de mineração, uma vez que alguns dados podem possuir muitos valores diferentes. Desta forma, categorizar estes dados torna-os mais compreensíveis e fáceis de serem manipulados. Um exemplo simples da aplicação da etapa de transformação dos dados pode ser obtida com a verificação das notas dos alunos de uma disciplina, onde os valores podem variar de 0 a 10, muitas vezes utilizando casas decimais. A transformação destes dados poderia categorizar a situação do aluno como "Aprovado" ou "Reprovado", de acordo com a sua nota. Outros exemplos da etapa de transformação de dados, segundo Elmasri e Navathe (2011) são: agregar códigos postais em regiões geográficas e dividir os rendimentos financeiros de clientes em faixas.

Além disso, conforme o propósito da Mineração de Dados, campos das tabelas a serem mineradas podem ser retirados ou modificados, destacando características que sejam relevantes aos objetivos da pesquisa. Por exemplo, um código que identifica uma turma de uma faculdade em uma destas tabelas pode ser modificado para refletir o nome do curso. Assim, não é apresentado que o aluno está matriculado no curso de código 5, mas sim, que ele está matriculado em Engenharia Civil. Como pode ser observado, a etapa do pré-processamento pode ser bastante trabalhosa, podendo contar com um programa específico para recuperar os dados das tabelas de um sistema e ajustá-los para a entrada na ferramenta de mineração. Os ajustes podem incluir a conversão dos dados para o formato do arquivo esperado pela ferramenta de mineração, bem como, as tarefas de transformação de dados, padronização, enriquecimento, etc.

Já o pós-processamento serve para a filtragem das informações de saída, selecionando apenas o que é válido e útil de ser retornado pelo processamento. Uma vez que muitas das regras ou padrões gerados podem não ser interessantes para um determinado domínio (WITTEN; FRANK; HALL, 2011). Também pode-se incluir formas gráficas de representação dos dados, facilitando desta forma, a análise dos resultados. Um gráfico relacionando o número de alunos que evidenciam ou não sinais de frustração na realização das atividades de uma disciplina, ou um gráfico comparando os exercícios em que os alunos encontram maiores dificuldades, são exemplos de representações visuais que podem facilitar a análise dos dados por parte do professor.

4.1.1. Tipos de Conhecimento Descobertos

Os principais tipos de conhecimento descobertos a partir da Mineração de Dados, com base em Elmasri e Navathe (2011), Laudon e Laudon (2011) são:

Regras de Associação: correlacionam a presença de um item em outro conjunto diverso. Por exemplo, um estudo de modelos de compra de um supermercado pode revelar que, na compra de pipocas, compra-se também um refrigerante do tipo guaraná em 70% das vezes.

Hierarquias de classificação: o objetivo é trabalhar a partir de um conjunto existente de eventos ou transações para criar uma hierarquia de classes. Por exemplo, dividir os clientes de uma loja em faixas de acordo com os tipos de produtos que eles compram.

Padrões seqüenciais: eventos estão ligados ao longo do tempo, em uma sequência de ações. Por exemplo, um cliente que comprou uma televisão nova tem 50% de chances de adquirir um aparelho de DVD em 3 meses.

Padrões dentro de uma série temporal: As similaridades podem ser detectadas dentro de posições de uma série temporal de dados, tomados em intervalos regulares. Por exemplo, dois produtos mostraram o mesmo padrão de vendas no verão, mas um padrão diferente no inverno.

Agrupamento (clustering): semelhante à classificação quando ainda não foram definidos grupos. Por exemplo, uma população inteira de dados de transação sobre uma doença pode ser dividida em grupos com base em similaridades dos efeitos colaterais produzidos.

Para obter-se um destes conhecimentos ou uma combinação deles, deve-se empregar técnicas que explorem os dados em busca de padrões, convertendo assim, dados em informações. No próximo subcapítulo são destacadas algumas destas técnicas.

4.1.2. Técnica de Mineração de Dados Utilizada

As principais técnicas de Mineração de Dados, destacadas por Goldschmidt e Passos (2005), Tan, Steinbach e Kumar (2009) e Witten, Frank e Hall (2011) são: Classificação Baseada em Regras, Regras de Associação e Clusterização. Nesta pesquisa serão utilizadas as técnicas relacionadas a classificação dos dados baseada em regras – por ser a que melhor reflete o objetivo da pesquisa, que é a de obter as regras que identificam as variáveis associadas ao estado afetivo de frustração do aluno.

Um classificador baseado em regras é uma técnica para classificar registros usando um conjunto de regras "se" ... "então". As regras para o modelo são representadas na forma disjunta, $R = (r_1 V\ r_2 V... r_k)$ onde R é conhecido como o conjunto de regras e os r's são as regras de classificação ou disjuntos (TAN; STEINBACH; KUMAR, 2009). Observe o exemplo apresentado pelos autores, de um conjunto de regras para o problema da classificação dos vertebrados – tabela 4.1.

O lado esquerdo da regra recebe o nome de antecedente da regra ou pré-condição e contém um conjunto de testes de atributos. Já o lado direito é chamado de consequência da regra e contém a classe final prevista.

Tabela 4.1 – Exemplo de um classificador baseado em regras

r1	Origina filhotes = não	∧	Ser Aéreo = sim	Pássaros
r2	Origina filhotes = não	∧	Ser Aquático = sim	Peixes
r3	Origina filhotes = sim	∧	Temperatura Corporal = Sangue Quente	Mamíferos
r4	Origina filhotes = não	∧	Ser Aéreo = não	Réptil
r5	Ser Aquático = semi			Anfíbios

Fonte: Tan, Steinbach e Kumar (2009)

Um algoritmo de classificação baseado em regras tem por objetivo encontrar algum relacionamento entre os atributos e uma classe, gerando uma regra. Assim, o processo de classificação permite, posteriormente, utilizar esta regra para predizer a classe de um novo registro. Na classificação baseada em regras, para evitar conflitos na aplicação das regras, deve-se priorizar a qualidade destas regras, considerando precisão, cobertura e comprimento.

Por precisão entende-se a relação entre o número de casos classificados corretamente sobre o número total de casos em que as condições apresentadas no antecedente da regra são verdadeiras. Por cobertura, o número de casos classificados corretamente sobre o número total de casos analisados. E, por comprimento, à quantidade de atributos testados no antecedente da regra (HAN; KAMBER, 2006).

Deve-se atentar para a importância da ordem de apresentação das regras de decisão, onde a regra que primeiro é exibida tem maior prioridade para predizer a classe. As regras seguintes devem igualmente ser ordenadas por alguma medida de qualidade. Isto garante que cada registro de teste seja classificado pela melhor regra que o cobrir (TAN; STEINBACH; KUMAR, 2009).

Já os Algoritmos para a geração de regras de associação objetivam detectar relações entre dados que ocorram com determinada frequência e que possam, assim, ser utilizados para identificar padrões de comportamento. Muitos sites de comércio eletrônicos dispõe do uso desta técnica para exibir associações de produtos, com a mensagem "Quem comprou este produto também comprou ...".

Segundo Elmasri e Navathe (2011), uma regra de associação tem a forma X => Y, onde X = {x1, x2, ... xn) e Y = {y1, y2, ... yn} são conjuntos de itens, com x1 e y1 sendo itens distintos para todo i e todo j. Esta associação indica que se um cliente compra X ele provavelmente também comprará Y. Para que uma regra de associação seja de interesse para o processo de mineração de dados, a regra deve satisfazer alguma medida de interesse. Estas medidas de interesse comuns são suporte e confiança.

No trabalho acadêmico de Kampff (2010), que utiliza o processo de Mineração de Dados, a autora destaca a diferença entre estas medidas: *Confiança* é o resultado obtido pelo número de vezes em que X e Y aparecem em um mesmo registro em relação ao número de vezes que X aparece no conjunto de registros, enquanto que, *suporte* indica o número de ocorrências da regra (X => Y) no conjunto dos registros.

Estes parâmetros podem ser ajustáveis nos programas de Mineração de Dados, pois interferem diretamente na quantidade e qualidade das regras obtidas. Por exemplo, na mineração de um grande conjunto de dados, poderão surgir muitas regras e pouco será útil uma regra com 100% de confiança e apenas 1 caso de suporte. Ou seja, esta é uma regra para uma situação muito particular ou mesmo única, que muito provavelmente não possa ser generalizada. Assim, deve-se configurar os programas de Mineração de Dados com a indicação do número mínimo de casos em que a regra se aplica, que é o suporte, e um valor mínimo percentual para a confiança.

4.2. Ferramentas de Mineração de Dados

Um conjunto de ferramentas para mineração de dados está disponível no mercado – como RapidMiner, Weka, WizRule e DBMiner. Para o desenvolvimento desta tese, será utilizada a ferramenta WizRule, por dar suporte a técnica de classificação baseada em regras e possuir boa documentação. As principais características das ferramentas acima citadas são destacadas nas subseções seguintes.

4.2.1. WEKA

Weka é uma coleção de Algoritmos de aprendizado de máquina para tarefas de Mineração de Dados, contendo ferramentas para pré-processamento de dados, classificação, regressão, clustering, regras de associação e também de visualização (WEKA, 2011), conforme pode ser observado na figura 4.2. O WEKA (*Waikato Environment for Knowledge Analysis*) é um software de código aberto escrito em Java, desenvolvido pela Universidade de Waikato na Nova Zelândia. Pode ser obtido a partir do endereço eletrônico http://www.cs.waikato.ac.nz/ml/weka

Figura 4.2 – Ferramenta WEKA
Fonte: uso do software pelo autor

63

4.2.2. RapidMiner

O RapidMiner foi inicialmente desenvolvido pela Universidade de Inteligência Artificial de Dortmund na Alemanha em 2001, tendo sua primeira versão lançada em 2002. Atualmente é mantido pela Rapid-I, com versões em software livre e software proprietário. Há uma boa documentação da ferramenta disponível no site da Rapid-I, onde o software também pode ser baixado. Permite aplicar as principais técnicas de MD, como pode ser observado na figura 4.3.

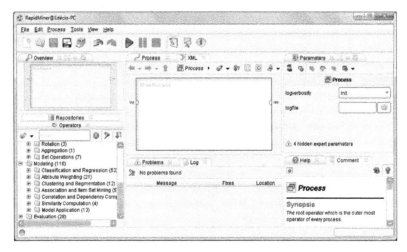

Figura 4.3 – Ferramenta RapidMiner
Fonte: uso do software pelo autor

4.2.3. DBMiner

O DBMiner é um sistema de mineração de dados da DBMiner Tecnology Inc. que disponibiliza as técnicas de associação, classificação e clusterização. Possui um assistente para guiar o usuário nas etapas do processo de mineração, que engloba a seleção dos dados, seus atributos, tipo da tarefa de mineração e suas configurações. Após, é possível ainda, selecionar a forma de visualização dos resultados obtidos a partir dos dados minerados.

A figura 4.4 exibe duas formas de apresentar os dados de uma mineração baseada em regras com o software DBMiner.

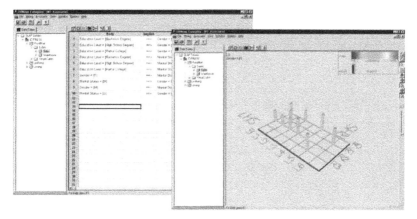

Figura 4.4 – Formas de exibição dos resultados no DBMiner

Fonte: www.cs.sfu.ca

4.2.4. WizRule

O WizRule é uma ferramenta da WizSoft Data and Text Mining e possui uma versão demo que pode ser obtida no site da empresa: www.wizsoft.com. Esta versão possui algumas limitações como a mineração de uma única tabela com no máximo 1000 registros e também os tipos de campos da tabela analisada. É permitida apenas a mineração de campos do tipo: data, numérico ou quality (campos de textos curtos que se repetem, como nome do curso ou departamento de uma loja). Campos Memo, não podem ser minerados na versão demo. No endereço eletrônico da WizSoft, há uma ótima documentação explicando o uso da ferramenta.

A figura 4.5 permite visualizar as opções de configuração das regras do tipo SE <antecedente> ENTÃO <consequente>, onde podem ser especificados os valores para a Confiança (Minimum probability of if-then rules) e o Suporte (Minimum number of cases of a rule). O limite inferior para o parâmetro confiança permitido pela ferramenta é de 60%.

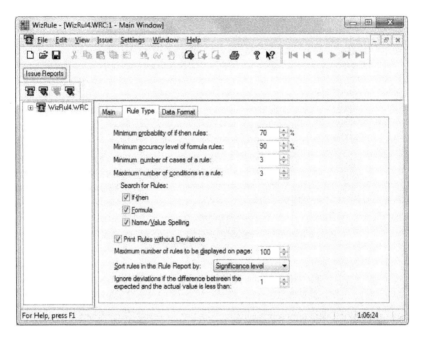

Figura 4.5 – Configuração dos parâmetros para a criação das regras
Se... Então... no WizRule.

Fonte: uso do software WizRule pelo autor.

4.3. Considerações Finais deste Capítulo

Este capítulo teve por objetivo destacar os conceitos relacionados às técnicas computacionais utilizadas no desenvolvimento desta investigação. Para tanto foi abordado, de forma breve, os principais conceitos, técnicas e ferramentas utilizadas na área de Mineração de Dados, destacando-se a técnica e a ferramenta empregada nesta pesquisa.

A área de Mineração de Dados procura extrair informações de vastos volumes de dados. Para obtê-las, deve-se empregar técnicas que explorem os dados em busca de padrões, convertendo assim, dados em informações. No caso da ferramenta desenvolvida neste projeto, busca-se detectar os padrões de comportamento dos alunos que possam estar associados ao estado afetivo de frustração. Como nas aulas de Algoritmos os alunos desenvolvem vários programas, e cada programa é, geralmente, compilado e testado diversas vezes até a verificação do seu correto funcionamento, um

66

número muito grande de registros pode ser armazenado, documentando estas interações. Sobre estes registros é que foram aplicadas as técnicas de mineração dos dados.

Além dos conceitos fundamentais da área de Mineração de Dados, foram destacados neste capítulo os tipos de conhecimento possíveis de serem obtidos a partir da mineração, as principais técnicas de mineração empregadas em trabalhos acadêmicos, bem como, as ferramentas de mineração WEKA, RapidMiner, WizRule e DBMiner. Destas, WEKA e RapidMiner são ferramentas *open source* e WizRule e DBMiner são sistemas comerciais, sendo que a WizRule possui uma versão de demonstração que permite processar até 1000 registros.

A técnica a ser utilizada para a mineração dos dados desta pesquisa é a classificação baseada em regras – por ser a que melhor reflete o objetivo da pesquisa, que é a de buscar as condições que identificam as variáveis associadas ao estado afetivo de frustração do aluno. A ferramenta escolhida foi a WizRule por possuir, como citado anteriormente, suporte a técnica a ser empregada nesta pesquisa, além de uma ótima documentação disponível na Web.

5. METODOLOGIA DA PESQUISA

Neste capítulo é apresentada a metodologia da pesquisa, com a descrição das etapas desenvolvidas, dos detalhes de uso da ferramenta implementada e dos estudos de caso realizados. O objetivo dos estudos de caso é dar suporte para a validação da pesquisa quanto aos aspectos de: a) verificar que as variáveis comportamentais observadas, relativas às interações dos alunos com uma ferramenta de elaboração de exercícios de Algoritmos, podem estar relacionadas ao estado afetivo de frustração dos alunos; b) indicar os possíveis benefícios de adicionar ações proativas de auxílio a estes alunos, no momento em que eles evidenciam sinais de frustração. A relação dos artigos publicados, que permite dar uma visão geral do desenvolvimento das etapas deste trabalho, encontra-se no Apêndice A.

5.1. Abordagem e Procedimentos Metodológicos

Inicialmente, a pesquisa bibliográfica realizada buscou referências relacionadas à dificuldade dos alunos na disciplina de Algoritmos, a carência de profissionais na área de Computação e a alta taxa de desistência dos alunos nos cursos desta área – justificando assim, a necessidade do presente estudo.

Após a constatação da relevância do tema a ser abordado, foram definidas as etapas necessárias para o desenvolvimento deste trabalho, compreendendo os seguintes pontos:

a) pesquisas preliminares e definição dos trabalhos de referência utilizados para dar suporte ao projeto;

b) estudo em Computação Afetiva, especialmente nas formas de detecção dos estados afetivos e, em particular, no estado afetivo frustração;

c) desenvolvimento de uma ferramenta para validar a pesquisa;

d) aplicação de um estudo de caso piloto, visando verificar a viabilidade da associação das variáveis comportamentais, produzidas em um ambiente de testes de aprendizagem de algoritmos, com o estado afetivo frustração do aluno;

e) realização de um segundo estudo de caso com o objetivo de adequar os dados capturados pela ferramenta para submetê-los a um software de Mineração de Dados. Geração de regras e implementação destas, na ferramenta desenvolvida;

f) aplicação de um estudo de caso final para validar as regras obtidas com a mineração, bem como, verificar os possíveis benefícios para a aprendizagem dos alunos que evidenciam sinais do estado afetivo de frustração a partir das ações pedagógicas inseridas na ferramenta.

A figura 5.1 ilustra as etapas da abordagem metodológica desenvolvidas na elaboração da presente tese.

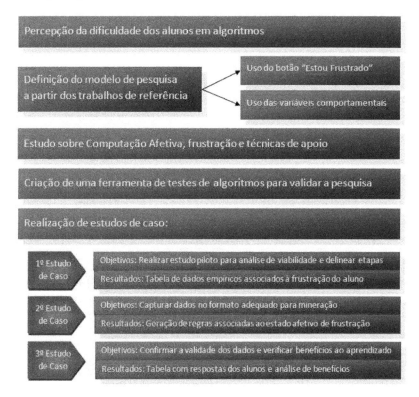

Figura 5.1 – Etapas da Abordagem Metodológica da Pesquisa
Fonte: o autor

5.2. Estudos de Caso e Enfoques da Pesquisa

O emprego do método de estudos de caso, segundo Yin (2010), permite que os investigadores retenham as características holísticas e significativas dos eventos da vida real – como os ciclos individuais da vida e o comportamento dos pequenos grupos. Uma das aplicações dos estudos de caso é descrever uma intervenção e o contexto da vida real no qual ela ocorreu, como, por exemplo, uma prática utilizada pelo professor em sala de aula.

Para Gerring (2006), um estudo de caso busca realizar de forma intensa o estudo de um processo único, com a finalidade de compreender o conjunto maior de unidades semelhantes, ou seja, a população total dos casos.

Lankshear e Knobel (2008) indicam que os estudos de caso podem se constituir em importantes instrumentos para que os professores-pesquisadores entendam e avaliem suas práticas pedagógicas, para então, pensar metodicamente sobre como e em quais aspectos poderiam ser realizadas mudanças visando obter melhores resultados no processo de ensino e aprendizagem. Com os estudos de caso, ainda segundo os autores, pode-se dispor da "matéria prima" segundo a qual os professores-pesquisadores podem desenvolver conceitos e teorias que venham a expandir o entendimento dos docentes sobre os desafios da educação.

Nesta pesquisa foram desenvolvidos três estudos de caso buscando investigar o comportamento dos alunos em um ambiente real de desenvolvimento de Algoritmos, para associar as ações destes estudantes ao estado afetivo de frustração e assim adotar ações pedagógicas de auxílio aos alunos. O primeiro destes experimentos possui as características de um estudo de caso piloto e serviu para refinar os planos de coleta de dados com relação ao conteúdo dos dados e aos procedimentos a serem seguidos, de acordo com Yin (2010).

Ainda segundo Yin (2010), algumas pesquisas de estudo de caso podem ir além de um tipo de pesquisa qualitativa, utilizando uma mistura de evidências quantitativa e qualitativa. Estes dois enfoques metodológicos – quantitativos e qualitativos – estão presentes nesta pesquisa.

Stake (2011) destaca que as diferenças metodológicas mais importantes entre as pesquisas qualitativa e quantitativa talvez sejam duas: a) a diferença entre tentar explicar (qualitativa) e tentar compreender (quantitativa), e b) a diferença entre um

70

papel pessoal (qualitativa) e um papel impessoal (quantitativa). Para Denzin e Lincoln (2006), os métodos qualitativos buscam soluções para as questões que realçam o modo como as experiências são criadas e adquirem significados. Enquanto que, os estudos quantitativos enfatizam o ato de medir e analisar as relações entre variáveis.

Denzin e Lincoln (2006), também ressaltam que as pesquisas qualitativas envolvem o estudo do uso e a coleta de uma variedade de materiais empíricos, como, estudo de caso, experiência pessoal, entrevista e observações. Estas características da pesquisa com enfoque qualitativo estão presentes na análise dos dados que busca investigar os possíveis benefícios deste trabalho para o aprendizado dos alunos, realizados no terceiro estudo de caso.

5.3. Ferramenta para Validação da Pesquisa

Para validar a pesquisa, foi desenvolvida uma ferramenta que busca capturar variáveis comportamentais do aluno durante a realização dos exercícios de Algoritmos. Nas atividades desenvolvidas para verificar se um exercício está correto, bem como, implementar ajustes no seu funcionamento, um aluno gera centenas ou até milhares de interações com o sistema computacional que executa este algoritmo. A presente pesquisa salva as interações que possam estar associadas ao estado afetivo de frustração dos alunos em tabelas de um banco de dados para posterior análise.

Inicialmente, a ferramenta disponibiliza em sua interface, além dos botões característicos dos ambientes de programação, o botão "Estou Frustrado". Ações do aluno no ambiente como, o número de erros que ele cometeu, quantas vezes ele compilou o programa com erros, se começou um novo programa sem acertar o anterior, dentre outros foram então salvas. Quando o aluno clica no botão "Estou Frustrado" estes dados são selecionados para descrever uma situação que produziu o estado afetivo de frustração no aluno.

Sistemas desta natureza, em que o usuário é solicitado a informar seus estados afetivos, são utilizados com base em pesquisas que indicam que humanos são mais propensos a informar sentimentos negativos sobre si mesmo a sistemas informatizados do que propriamente a outros humanos (LUCAS et al, 1977), (ROBINSON; WEST, 1992).

Em um segundo momento, já com as variáveis associadas ao estado afetivo de frustração do aluno catalogadas, os valores de referência são então utilizados para identificar os alunos que apresentaram sinais de frustração e propiciar ações pedagógicas de apoio a estes alunos.

A importância de agregar recursos em sistemas que interpretem e respondam de forma afetiva aos alunos é destacada em diversos trabalhos, como pode ser observado em Paiva et al (2010) e Longhi (2011). A figura 5.2 ilustra a concepção geral do projeto.

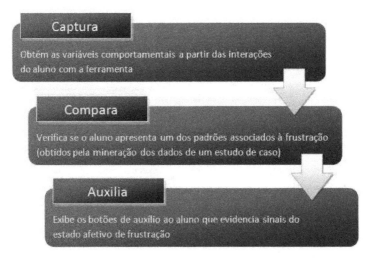

Figura 5.2 – Visão geral do funcionamento da ferramenta
Fonte: o autor

A etapa "Auxilia" destacada na figura 5.2, visa fornecer um apoio diferenciado à aprendizagem, de modo a preencher as lacunas cognitivas do aluno que apresenta dificuldades, como propõe Vianin (2013). Este auxílio consiste em exibir um tutorial com a resolução passo a passo do exercício não solucionado pelo aluno, e em disponibilizar o enunciado de um novo exercício, com nível menor de complexidade.

Como analogia ao processo desenvolvido neste trabalho, pode-se relacioná-lo aos sistemas disponíveis em modelos de veículos que detectam a fadiga do motorista. O sistema captura dados que avaliam as alternâncias do volante e, com base em um padrão de comportamento, indica um possível cansaço do motorista. Sinais de alerta sonoro e visual são exibidos, sugerindo uma parada ao condutor do veículo. A figura 5.3 exibe o sinal de alerta apresentado pelo sistema de detecção de fadiga do motorista no Volkswagen Passat.

Figura 5.3 – Alerta de fadiga do motorista no Volkswagen Passat
Fonte: http://www.coisasdeagora.com.br/noticias.asp?id=2897

5.3.1 Dados das Interações dos Alunos Capturados pela Ferramenta

A ferramenta desenvolvida permite ao aluno digitar e testar os seus programas utilizando pseudocódigo. A partir da experiência do autor desta pesquisa com o ensino de Algoritmos, a ocorrência repetida de erros no programa, em um mesmo programa ou em programas consecutivos, bem como, o tempo que o aluno necessita para resolver um programa, pode evidenciar a ocorrência do estado afetivo frustração no aluno. Em pesquisas de cunho pedagógico, conforme Lankshear e Knobel (2008), os professores devem utilizar o seu conhecimento e experiência acumulados para conduzir suas ações de pesquisa. Assim, a ferramenta foi programada para capturar as seguintes informações para análise:

- Nº de compilações com erros

- Nº total de erros

- Tempo entre o início e a última compilação do programa

- Nº de programas anteriores sem solução (sem uma compilação correta)

- Nº de compilações sem erros de sintaxe

Para realizar a captura destas informações, foi desenvolvido um ambiente simplificado de programação onde o aluno deve digitar os comandos para a resolução do algoritmo em português estruturado (pseudocódigo), que é uma das maneiras de formalizar a representação de um algoritmo. A principal vantagem da utilização de pseudocódigo é que a passagem do algoritmo para uma linguagem de programação é quase imediata, bastando conhecer as palavras reservadas da linguagem a ser utilizada (ASCÊNCIO; CAMPOS, 2007). A sintaxe do português estruturado adotada pela ferramenta segue os princípios da linguagem Java – como o uso do ponto-e-vírgula para finalizar o comando, delimitação de blocos com o uso das chaves e declaração dos tipos das variáveis do programa. Isto facilita a posterior migração do aluno para a linguagem Java, uma das principais linguagens de programação da atualidade (TIOBE, 2011).

5.3.2. Detalhes Técnicos e Exemplos de Uso da Ferramenta

A ferramenta desenvolvida nesta pesquisa realiza o processo de conversão dos comandos digitados pelos alunos em pseudocódigo para comandos da linguagem Java. Para salvar os dados das interações dos alunos com o banco de dados foi utilizada a linguagem de programação PHP. Os dados foram armazenadas no banco de dados MySQL.

A ferramenta tem o intuito de ser utilizada nas primeiras aulas de Algoritmos, onde o professor geralmente trabalha com português estruturado – uma representação para as ações a serem realizadas em um programa. Outra característica de implementação da ferramenta, é a necessidade do armazenamento das ações realizadas pelos alunos em uma base de dados centralizada, para permitir a pesquisa destas ações e posterior mineração dos dados. Assim, optou-se por criar uma ferramenta que pudesse ser utilizada diretamente na internet, acessando um banco de dados em um servidor Web e com a execução dos comandos ocorrendo na máquina local utilizada pelo aluno.

A figura 5.4, ilustra as interações do aluno com a ferramenta, considerando as funcionalidades implementadas para a segunda aula do estudo de caso final (já com os padrões associados aos alunos frustrados definidos pela mineração de dados realizada).

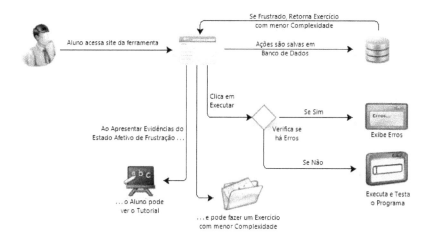

Figura 5.4 – Fluxo da Ferramenta com os recursos de apoio ao aluno.
Fonte: o autor

Ao acessar o site da ferramenta (www.edecio.com.br/algo) uma variável numérica indicando um novo acesso é criada e armazenada no banco de dados MySQL. Este valor é também salvo em uma variável de sessão, sendo recuperada a cada ação do aluno na ferramenta. Além disso, um diretório é criado no servidor Web com o número desta variável e todos os programas realizados pelo aluno neste acesso, ficam salvos neste diretório. Ao clicar no botão "Executar", as seguintes ações ocorrem para que o algoritmo digitado em português estruturado possa ser executado ou apresentar os erros de compilação encontrados:

1. Grava-se no diretório num_acesso/nomeprog.txt o programa em português estruturado digitado pelo aluno. Uma variável de sessão é criada com este nomeprog.txt (para posterior recuperação, após a ferramenta voltar ao formulário de digitação do programa).

2. Os comandos do português estruturado são convertidos em comando Java, com os cabeçalhos característicos da linguagem, e salvos em num_acesso/nomeprog.java

3. Um programa armazenado na máquina local do aluno (localhost/algo/compila.php) é executado. Este programa copia do servidor

75

os arquivos .txt e .java criados nos passos anteriores, para a máquina do aluno (em c:\algo)

4. O comando que compila o programa Java na máquina do aluno é executado a partir do seguinte comando:

```
javac -Xstdout c:\algo\log.txt c:\algo\<NOMEPROG>.java
```

Isto faz com que a saída da compilação seja adicionada no arquivo log.txt.

5. O arquivo log.txt é analisado. Se estiver vazio, não houve erros na compilação. O programa é executado e um registro desta compilação sem erros é salvo na tabela compilacoes do banco de dados. Se o arquivo log.txt tiver algum conteúdo, significa que houve erros na compilação. Os erros são exibidos para o aluno e então, o registro salvo na tabela compilações conterá a indicação do erro e o número de erros encontrados.

6. Após, o programa recarregada a página inicial da ferramenta, recuperando o arquivo editado pelo aluno.

A estrutura das tabelas utilizadas no sistema encontra-se no Apêndice C. A cada clique no botão Executar, o sistema salva um registro no banco e faz uma consulta a partir da variável numérica que identifica o acesso do aluno. Se uma das comparações realizadas com o padrão associado ao estado afetivo de frustração for verdadeira, a ferramenta exibe os botões de auxílio ao aluno.

O botão "Salvar" executa apenas a etapa 1 do botão "Executar" descrito anteriormente. O botão "Tutorial com a resolução deste exercício" direciona o aluno para visualizar um arquivo Flash criado com o software Wink em uma nova aba do navegador. Os tutoriais devem ser criados pelo professor e salvos na pasta tutorial/nome_prog/index.htm. Já o botão "Buscar outro exercício com menor complexidade", faz uma consulta na tabela prog_menor_complexidade pesquisando pelo programa em que o aluno apresentou dificuldades. Este cadastro deve ser realizado previamente pelo professor.

Para o correto funcionamento dos recursos da ferramenta é fundamental ao aluno informar o nome do programa como é indicado nos exercícios, conforme pode ser observado no Apêndice D. Os alunos são alertados sobre esta especificação da ferramenta.

Junto aos botões que permitem ao aluno iniciar um novo programa em pseudocódigo, salvá-lo ou executá-lo, também foi exibido em algumas aulas – para geração das regras associadas ao estado afetivo de frustração – o botão "Estou Frustrado", conforme a figura 5.5 (versão da ferramenta do estudo de caso piloto).

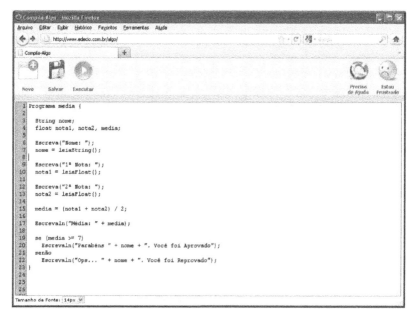

Figura 5.5 – Ferramenta para execução de Algoritmos do estudo de caso piloto
Fonte: o autor

Quando o aluno clica no botão Executar e não existirem erros de sintaxe no pseudocódigo, a ferramenta executa o programa, solicitando os dados de entrada do algoritmo e exibindo os dados de saída. A figura 5.6 apresenta um exemplo de execução de um algoritmo, com dados fictícios para testar as funcionalidades deste programa.

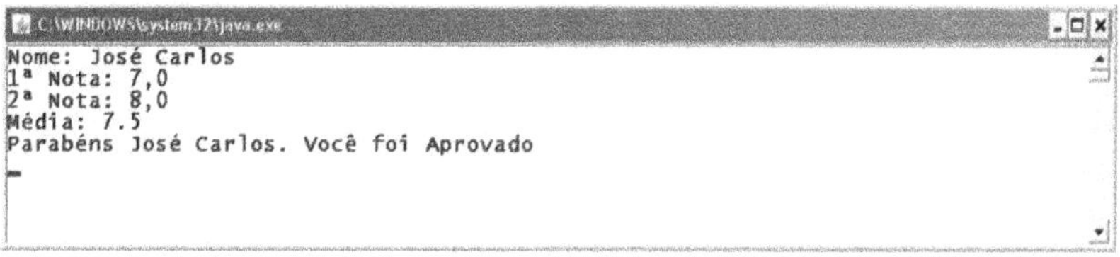

Figura 5.6 – Exemplo de execução de um algoritmo com dados fictícios.
Fonte: o autor

Caso ocorra algum erro de sintaxe no pseudocódigo digitado pelo aluno (como ausência de ";" no final do comando, uso incorreto das aspas em uma linha ou uso incorreto de símbolos na nomenclatura de variáveis), uma tela informando os erros é apresentada ao aluno, conforme ilustra a figura 5.7. Desta forma, o aluno pode clicar no link "Voltar", corrigir os erros e compilar novamente o algoritmo.

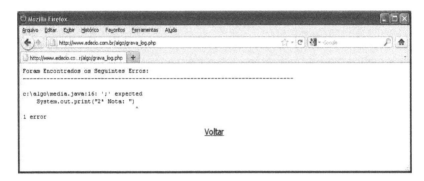

Figura 5.7 – Tela com a ferramenta indicando erro na sintaxe do pseudocódigo
Fonte: o autor

A ferramenta com a presença do botão "Estou Frustrado" foi utilizada nas primeiras aulas dos estudos de caso realizados. Nas aulas seguintes, este botão deixou de ser exibido na ferramenta. No seu lugar, foram exibidos botões que buscaram fornecer recursos pedagógicos de auxílio aos alunos que evidenciaram frustração na realização dos exercícios de Algoritmos. Na versão da ferramenta desenvolvida para a realização do estudo de caso final, estes botões de apoio foram: a) "Tutorial com a resolução deste exercício" e, b) "Buscar outro exercício de menor complexidade", conforme ilustra a figura 5.8.

Figura 5.8 – Novas opções da ferramenta exibidas aos alunos que evidenciam
frustração na realização dos exercícios de Algoritmos
Fonte: o autor

5.4. Descrição dos Estudos de Caso Realizados

Os experimentos foram realizados com os alunos do curso Superior de Tecnologia em Análise e Desenvolvimento de Sistemas da Faculdade Senac Pelotas, durante às aulas e oficinas ministradas pelo professor / autor desta pesquisa. Os estudos ocorreram nos semestres de 2011/1, 2012/1 e 2012/2, sendo os dois primeiros no decorrer do semestre junto às aulas de Algoritmos & Lógica de Programação e o terceiro a partir do oferecimento de uma oficina de Algoritmos para àqueles alunos que não aprovaram na disciplina ou apresentaram um desempenho insatisfatório.

A ferramenta foi instalada no laboratório de informática utilizado pela disciplina, composto por 25 computadores. Também foi criado um tutorial explicando como proceder para realizar a instalação da ferramenta, para aqueles alunos que optaram por realizar os exercícios em seus notebooks.

Um primeiro estudo de caso, também denominado estudo de caso piloto, permitiu a elaboração de uma tabela com os valores de referência das variáveis comportamentais que identificam o estado de frustração do aluno. Neste experimento, buscou-se apenas verificar a possibilidade de associar as variáveis comportamentais observadas pela ferramenta ao estado afetivo de frustração – o que foi possível de identificar.

Outros 2 estudos de caso foram realizados para validar esta pesquisa no que concerne a validação das regras associadas ao estado afetivo de frustração e avaliação dos possíveis benefícios da pesquisa para o processo de aprendizagem dos estudantes. O segundo buscou substituir o empirismo da tabela criada no estudo de caso piloto, por um método formal. Para tanto, foram capturados dados comportamentais tanto dos alunos frustrados quanto dos não-frustrados, requisito fundamental para a submissão destes dados a um software de Mineração de Dados. Utilizando-se o software WizRule de Mineração de Dados foram geradas regras identificando os padrões comportamentais dos alunos que afirmaram se sentir frustrados na realização dos exercícios de Algoritmos.

Já o terceiro estudo de dados, com um enfoque qualitativo, teve por objetivo validar as regras obtidas com a mineração – a partir de perguntas a serem respondidas pelo estudante, e analisar os possíveis benefícios das ações proativas de auxílio aos estudantes adicionados na ferramenta desenvolvida.

Salienta-se o anonimato dos alunos participantes dos Estudos de Caso (conforme Termo de Compromisso no Apêndice B), uma vez que foi do interesse da pesquisa a identificação das ações comportamentais que evidenciam o estado afetivo de frustração do estudante, mas não o nome de cada estudante. Assim, um número sequencial sem identificação nominal foi atribuído automaticamente pela ferramenta a cada aluno, permitindo as análises das suas ações no sistema computacional.

5.5. Detecção do Estado Afetivo de Frustração do Aluno

Para capturar as variáveis comportamentais associadas ao estado afetivo de frustração do aluno, foram utilizados os 3 estudos de caso desta pesquisa. Inicialmente, teve-se por objetivar verificar a possibilidade da existência de alguns padrões nos dados.

No segundo momento, procurou-se adaptar os dados capturados de acordo com o formato necessário para o software de Mineração de Dados. E no estudo de caso final, foi de interesse da pesquisa confirmar se as regras geradas pela mineração estavam corretas, ou seja, se a ferramenta foi capaz de identificar corretamente as situações e momentos em que o aluno sentiu-se frustrado.

5.5.1. Etapa 1: Tabela de Dados Empíricos

Conforme já mencionado, o estudo de caso piloto foi realizado em caráter experimental e teve por objetivo verificar a existência de possíveis padrões que poderiam estar associados ao estado afetivo de frustração do aluno e, principalmente, conferir se os alunos iriam se sentir a vontade com a presença do botão "Estou Frustrado" na ferramenta.

A ferramenta foi utilizada nas duas primeiras aulas da disciplina de Algoritmos & Lógica de Programação do curso de Análise e Desenvolvimento de Sistemas da Faculdade de Tecnologia Senac Pelotas no primeiro semestre de 2011. Na primeira aula (com 4 períodos) foram apresentados os conceitos básicos de Algoritmos e Lógica de Programação, como entrada, processamento e saída, de variáveis e das formas de representação de Algoritmos, destacando-se o português estruturado (pseudocódigo). Foi apresentada a ferramenta e nela foram feitos exemplos de programas em pseudocódigo. Nesta aula apenas os botões Novo, Salvar e Executar estavam disponíveis na ferramenta, conforme ilustra a figura 5.9, com o exemplo do primeiro programa desenvolvido na disciplina.

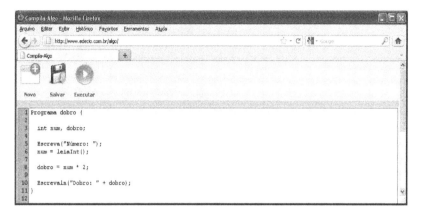

Figura 5.9 – Ferramenta utilizada na primeira aula do estudo de caso
Fonte: o autor

Na segunda aula, também com 4 períodos, foram feitas as correções dos exercícios da 1ª aula (em 1 período). Em seguida, foram explicados os objetivos da pesquisa deste trabalho, o conceito de Computação Afetiva e a apresentação dos botões "Preciso de Ajuda" e "Estou Frustrado", acrescentados à ferramenta. Cada aluno recebeu uma folha com 6 exercícios com enunciados de problemas a serem solucionados, com exemplos de dados de entrada e saída. Foi destacado que o objetivo da pesquisa, não era de identificar os alunos que estavam frustrados, mas sim, de detectar quais as ações que ocorrem na ferramenta e que antecedem ao clique nestes botões. Participaram desta segunda aula 58 alunos das duas turmas (manhã e noite) do curso.

Para a realização dos 6 exercícios sobre programação sequencial os 58 alunos efetuaram 2197 execuções (ou tentativas de execução) dos programas. O botão "Preciso de Ajuda" foi clicado em 21 momentos. Segundo Kapoor, Burleson e Picard (2007), ele indica um estado intermediário, de pré-frustração, em que os alunos não se sentem fortemente frustrados. Neste estudo, estes dados não serão analisados.

Já o botão "Estou Frustrado" foi clicado pelos alunos em 13 momentos. Após a análise dos dados pôde-se identificar as variáveis que se mostraram com maior relevância nas tabelas do banco de dados do sistema. Deste modo, entende-se que os alunos sentiram-se estimulados a clicar no botão "Estou Frustrado" nas situações apresentadas na tabela 5.1.

Tabela 5.1 – Características comportamentais relevantes que indicam a frustração dos alunos.

Nº Ocorrências	Característica comportamental relevante	Valores de Referência
6	Elevado número de compilações com erros ou número total de erros encontrados nos programas	14 ou mais compilações de um programa com erros ou total de 52 ou mais erros em um mesmo programa
3	Elevado número de compilações sem erros, porém com elevado tempo de permanência do aluno no mesmo programa	10 ou mais compilações do mesmo programa em um tempo igual ou superior a 37 minutos
2	Elevado número de programas seguidos com erros	3 programas seguidos compilados com erros (sem uma compilação ok)
2	Elevado tempo utilizado para resolver um programa	1 hora e 2 minutos ou mais para resolver um programa

A criação da tabela que identifica os padrões da frustração do aluno foi realizada de forma empírica, utilizando-se da experiência do professor / autor deste trabalho. Sua análise originou-se a partir de consultas SQL realizadas sobre o banco de dados que armazena as interações dos alunos com a ferramenta.

Os resultados obtidos neste estudo de caso piloto permitiram identificar (IEPSEN; BERCHT; REATEGUI, 2011):

a) a existência de situações que demonstram a extrema dificuldade dos alunos com a realização dos exercícios;

b) o fato de que estas situações de extrema dificuldade podem ser capturadas pela ferramenta;

c) a coerência entre o que o aluno revela para o ambiente e o seu estado afetivo de frustração, de acordo com as dificuldades que ele encontra na resolução dos exercícios;

d) a possibilidade de associação do estado afetivo às variáveis comportamentais do aluno enquanto ele utiliza um ambiente de construção e testes de Algoritmos.

As conclusões deste estudo de caso piloto serviram para reafirmar os estudos teóricos realizados e permitiram delinear as próximas fases da pesquisa aqui descrita.

5.5.2. Etapa 2: Regras Obtidas pela Mineração de Dados

Para a realização de um segundo estudo de caso, foram convidados os alunos que estavam cursando a disciplina de Algoritmos & Lógica de Programação de 2 turmas (manhã e noite) do primeiro semestre de 2012, da Faculdade de Tecnologia Senac Pelotas. Foram realizados 2 encontros, com 4 períodos cada, para elaboração de exercícios de Algoritmos utilizando a ferramenta. As aulas ocorreram em 2 sábados no turno da manhã. Participaram destas atividades 14 alunos.

O objetivo deste Estudo de Caso foi a geração de dados para então submetê-los ao software de Mineração de Dados WizRule. Esta etapa foi necessária para que se pudesse obter dados relacionados aos alunos frustrados e não-frustrados. Como no experimento anterior foram capturados apenas os padrões relacionados à frustração dos alunos, esta nova etapa foi necessária para que se pudesse gerar as regras através da Mineração de Dados. Também foram apresentados recursos para auxiliar aos alunos, como a exibição de dicas, programas relacionados e recomendação de exercícios de menor complexidade. A figura 5.10, apresenta a tela da ferramenta utilizada no primeiro encontro de 4 períodos para a realização de exercícios de programação sequencial e condicional de Algoritmos. Assim como na primeira pesquisa, também foram apresentados os objetivos da pesquisa, foi lido e distribuído para os alunos assinarem o Termo de Consentimento (Apêndice B), destacando-se que a pesquisa era anônima e que em nenhum momento a ferramenta iria solicitar a identificação do aluno. Caso o aluno clicasse sobre o botão "Estou Frustrado" uma mensagem agradecendo a colaboração com os objetivos da pesquisa seria exibido, sem solicitar os dados do estudante.

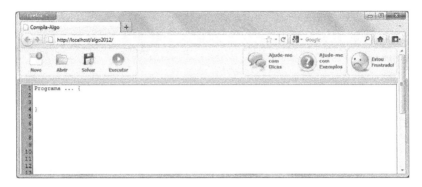

Figura 5.10 – Tela da ferramenta do segundo estudo de caso
Fonte: o autor

Os dados das interações dos alunos com a ferramenta foram capturados e salvos em tabelas de um banco de dados, cuja estrutura e relacionamentos podem ser conferidos no Apêndice C. A etapa inicial, para submeter estes dados ao software de Mineração de Dados, consistiu na preparação dos dados. Os valores referentes ao número de erros de sintaxe do código, tempo dedicado a resolução de um mesmo exercício (duração), número de tentativas de executar um programa e número de programas anteriores ao atual sem uma compilação correta foram classificados em 3 grupos: Alta, Média e Baixa.

Após, foram ajustados os parâmetros referentes a grau de confiança (70%) e suporte (3) do software WizRule. A etapa seguinte consistiu na geração das regras. No quadro 5.1 são exibidas as regras de interesse obtidas, ou seja, aquelas em que o campo frustrado corresponde a Sim. O relatório completo gerado pelo software WizRule encontra-se no Apêndice E. O trecho de código do programa PHP utilizado na ferramenta, onde as regras são convertidas em condições que indicam que o aluno usuário da ferramenta pode estar apresentando evidências do estado afetivo de frustração, é listado no Apêndice F.

84

Quadro 5.1 – Regras geradas pelo WizRule que indicam as variáveis comportamentais associadas ao estado afetivo de frustração do aluno ao realizar exercícios de Algoritmos

IF-THEN RULES:
7) **duração** *is* **Alta**
    and **número_compilações_com_erros** *is* **Alta**
    if and only if
    frustrado *is* **Sim**
    The rule exists in **4** *records.*
    Significance Level: Error probability <   0,001

10)   *If* **número_compilações_com_erros** *is* **Alta**
    Then
    frustrado *is* **Sim**
    Rule's probability: **0,800**
    The rule exists in **4** *records.*
    Significance Level: Error probability <   0,01
    Deviations (records' serial numbers):
    11

12)   *If* **número_compilações_sem_erros** *is* **Alta**
    Then
    frustrado *is* **Sim**
    Rule's probability: **1,000**
    The rule exists in **3** *records.*
    Significance Level: Error probability <   0,1

17)   *If* **duração** *is* **Alta**
    and **programas_seguidos_com_erros** *is* **Alta**
    Then
    frustrado *is* **Sim**
    Rule's probability: **1,000**
    The rule exists in **3** *records.*
    Significance Level: Error probability <   0,1

18)   *If* **programas_seguidos_com_erros** *is* **Alta**
    and **número_compilações_com_erros** *is* **Alta**
    Then
    frustrado *is* **Sim**
    Rule's probability: **1,000**
    The rule exists in **3** *records.*
    Significance Level: Error probability <   0,1

28)   *If* **programas_seguidos_com_erros** *is* **Alta**
    Then
    frustrado *is* **Sim**
    Rule's probability: **0,750**
    The rule exists in **3** *records.*
    Significance Level: Error probability <   0,1
    Deviations (records' serial numbers):
    9

A análise dos resultados da aplicação do software de Mineração de Dados sobre as variáveis comportamentais das interações dos alunos com a ferramenta no segundo estudo de caso, com a geração das regras destacadas no quadro 5.1, apresentou resultados fortemente relacionados com os obtidos no Estudo de Caso piloto. A etapa seguinte da pesquisa buscou então confirmar estas regras, aplicando-as na ferramenta de elaboração de Algoritmos desenvolvida para validar a investigação. Esta etapa é apresentada na próxima seção.

5.5.3. Etapa 3: Confirmação das Regras

Um terceiro estudo de caso foi realizado no segundo semestre de 2012, a partir do oferecimento de uma oficina de Algoritmos. Foram convidados os alunos que reprovaram na disciplina de Algoritmos no primeiro semestre (e que não evadiram) ou que apresentaram um desempenho irregular na disciplina. Participaram desta etapa da pesquisa 6 alunos. Como indicado anteriormente optou-se por um enfoque qualitativo para o acompanhamento e análise dos dados obtidos pela participação dos alunos neste estudo de caso.

A oficina foi composta de 2 aulas de revisão (8 períodos) e mais uma aula (4 períodos) para a realização da avaliação de pós-teste. Como pré-teste foram utilizadas as provas que os alunos participantes realizaram sobre o conteúdo abordado na oficina (programação sequencial e condicional).

A tela básica da ferramenta exibida para o aluno neste estudo de caso é apresentada na figura 5.11. Mantendo o padrão dos estudos de caso anteriores, optou-se por exibir apenas os botões básicos necessários para os testes de Algoritmos. Os alunos receberam exemplos dos exercícios trabalhados no início do primeiro semestre sobre programação sequencial e condicional, para relembrar a sintaxe do português estruturado utilizado para a elaboração dos exercícios na ferramenta.

```
1  Programa locadora {
2    String filme;
3    int duracao, horas, minutos;
4
5    Escreva("Título do Filme: ");
6    filme = LeiaString();
7
8    Escreva("Duração (min)..: ");
9    duracao = LeiaInt();
10
11   horas = duracao / 60;
12   minutos = duracao % 60;
13
14   Escreveln("Horas: " + horas);
15   Escreveln("Minutos: " + minutos);
16 }
```

Figura 5.11 – Ferramenta da Oficina de Algoritmos
Fonte: o autor

A pergunta visando confirmar a frustração do aluno e os botões de auxílio são exibidos em uma nova aba do navegador quando o aluno apresentar um dos padrões de comportamento associado ao estado afetivo de frustração, obtidos com o software de Mineração de Dados. A figura 5.12, exibe a tela com a pergunta a ser respondida pelo aluno e os botões de auxílio disponibilizados.

Optou-se por realizar a pergunta visando verificar se o aluno está ou não frustrado na própria ferramenta, no momento em que ele apresentar um dos padrões associados ao estado afetivo de frustração, e não a partir de questionários aplicados após o processo. Segundo Choi et al (2012), o uso de questionários em pesquisas que abordam aspectos cognitivos e emocionais apresentam como desvantagens: a) não refletir a resposta do usuário em tempo real; b) medir as respostas com base na memória dos usuários.

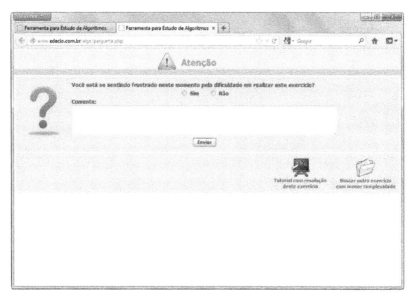

Figura 5.12 – Pergunta visando confirmar ou não a frustração do aluno.
Fonte: o autor

Dos 6 alunos que participaram desta atividade, 4 apresentaram um dos padrões indicados pelo software de Mineração de Dados associados ao estado afetivo de frustração. As respostas dos alunos para a pergunta "Você está se sentindo frustrado neste momento pela dificuldade em realizar este exercício?" e "Comente:" são apresentadas na tabela 5.2.

Tabela 5.2 – Respostas dos Alunos que apresentaram um dos padrões
associados ao estado afetivo de frustração.

Sim / Não	Comente
Sim	Um erro complica todo o exercício.
Sim	Não venho entendendo este conteúdo deste o início.
Sim	A ocorrência de erros na compilação faz o tempo passar, tornando cansativa a busca pelo sentido correto ao escrever o programa.
Sim	Algoritmo é como matemática tem que ser exercitada, claro que uns tem mais facilidade que os outros, pois a lógica é mais clara.

Desta forma, pôde-se verificar que as regras geradas pelo software de Mineração de Dados e aplicadas na ferramenta detectaram corretamente as situações em que os alunos sentiram-se frustrados, seja pelo alto número de compilações com erros, pela demora na conclusão do exercício, ou algum outro motivo relacionado nas regras destacadas no quadro 5.1.

Com a conclusão desta etapa da pesquisa, entende-se ser possível dotar uma ferramenta utilizada nas aulas de Algoritmos com recursos capazes de identificar o estado afetivo de frustração do aluno. Como destacado na introdução desta tese, o grande número de interações entre o aluno e o computador, permite relacionar a ocorrência de um estado afetivo com os dados obtidos por estas interações.

5.6. Auxílio na Aprendizagem dos Alunos

Além de detectar os alunos que apresentam um padrão de comportamento na utilização da ferramenta associado ao estado afetivo de frustração, este trabalho teve também por objetivo propor uma solução tecnológica para apoiar os alunos na realização de atividades de programação. Assim, ao identificar possíveis dificuldades de aprendizagem, procura-se disponibilizar recursos visando minimizar a ocorrência deste sentimento no aluno.

Nos Estudos de Caso I e II, foram realizados alguns experimentos com recursos que poderiam ser oferecidos aos alunos. No terceiro Estudo de Caso, optou-se por focar o apoio aos alunos que evidenciam sinais de frustração com:

a) a disponibilização de um tutorial com a resolução, passo a passo, do exercício no qual o aluno apresenta dificuldades.

b) a recomendação de um novo exercício previamente cadastrado pelo professor, que seja mais linear ao nível de complexidade dos conceitos trabalhados até aquele ponto da disciplina.

Zabala (1999) no livro *Como Trabalhar os Conteúdos Procedimentais em Aula* fornece diversas indicações que dão suporte para a adoção das técnicas utilizadas nesta pesquisa. Ele afirma, no capítulo que aborda o "aprender a fazer", que é importante respeitar os diferentes ritmos de aprendizagem dos alunos, disponibilizando diferentes tipos e números de atividades. Em outro momento o autor indica ser apropriado "utilizar diferentes estratégias de representação dos problemas... entre elas, utilização de problemas mais simples - que fomenta e fortalece o domínio de estratégias heurísticas". Piaget, conforme Becker (2010), também sugere ser "necessário basear a didática matemática na organização progressiva destas estruturas operatórias".

5.6.1. Tutorial e Recomendação de Novo Exercício

Para disponibilizar os recursos de auxílio, no momento em que os alunos evidenciam um dos sinais de frustração apresentados no quadro 5.1, foram adicionados dois botões à ferramenta. Na primeira aula, os botões foram exibidos juntamente com a pergunta que buscava verificar se o aluno estava frustrado (figura 5.12). Na segunda aula, os botões passaram a fazer parte da barra superior da ferramenta (figura 5.13), somente quando o aluno viesse a apresentar uma das regras associadas à frustração.

Com os botões "Tutorial com a Resolução deste Exercício" e "Buscar Outro Exercício com Menor Complexidade" busca-se oferecer um tratamento diferenciado ao aluno que está com dificuldades na realização de um exercício. Assim pretende-se fazer com que a frustração do aluno possa ser transformada em uma oportunidade de aprendizado, como propõe Kapoor, Burleson e Picard (2007).

Figura 5.13 – Os botões de auxílio são exibidos quando o aluno apresentar um dos padrões (regras mineradas pelo WizRule) associados à frustração.
Fonte: o autor

Como destacado na introdução deste trabalho, Bercht (2006) sugere a apresentação de outros recursos de mídia por parte do sistema, com o objetivo de encorajar o aluno com sinais de frustração a continuar estudando e executar suas atividades. Para tanto, um tutorial com uma explicação passo a passo da resolução do exercício no qual o aluno apresentou dificuldades foi disponibilizado ao aluno. Isto também permite evitar que tal exercício, venha a ampliar a frustração do aluno. As figuras 5.14 e 5.15 ilustram as explicações passo a passo disponibilizadas para o aluno.

Figura 5.14 – Tutorial com a explicação, passo a passo, de um exercício em que o aluno apresentou evidências de dificuldades de resolução.
Fonte: o autor

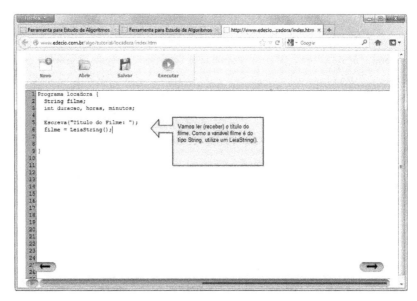

Figura 5.15 – O aluno pode avançar ou retornar nas explicações sobre a
resolução do algoritmo.

Fonte: o autor

Com o tutorial e a recomendação de um exercício relacionado mais simples,
pretende-se evitar a ocorrência da situação citada por Kapoor, Burleson e Picard (2007),
onde a frustração intensa pode transcender a possibilidade de ser transformada em uma
oportunidade de aprendizagem e resultar no desejo do aluno de desistir dos seus
estudos. A tela com a exibição de um novo exercício recomendado é apresentada na
figura 5.16.

Figura 5.16 – Recomendação de um novo exercício, com nível menor de
complexidade em relação àquele que o aluno não conseguiu resolver.

Fonte: o autor

5.6.2. Aplicação dos Pré e Pós-Testes

A técnica de pesquisa que utiliza os pré e pós-testes serve para medir o
conhecimento adquirido pelos participantes de uma atividade de ensino, consistindo na
aplicação de um conjunto de questões para os alunos, antes e após a realização de tal
atividade (I-TECH, 2008). O pré-teste permite determinar o nível de conhecimento dos
participantes sobre o assunto que será abordado antes da formação. Já o pós-teste,
consiste na aplicação deste conjunto de questões com o mesmo nível de dificuldade,
aplicado após a realização da atividade de ensino. A partir da comparação das notas do
pré-teste com o pós-teste é possível descobrir os benefícios da atividade para aumentar
o conhecimento dos alunos (I-TECH, 2008).

Lankshear e Knobel (2008) destacam que os professores-pesquisadores podem
utilizar testes padronizados ou desenvolver suas próprias medidas de desempenho na
realização dos pré e pós-testes. Após o pré-teste, o professor-pesquisador implementa
sua intervenção e testa novamente os membros no pós-teste para determinar se houve
mudanças na aprendizagem. Na pesquisa realizada no presente estudo, a intervenção do

professor-pesquisador consistiu na utilização da ferramenta desenvolvida, com os recursos de apoio ao aprendizado dos alunos que evidenciam sinais de frustração, nas aulas da oficina de Algoritmos.

Inhelder, Bovet e Sinclair (1977) também tratam da pesquisa com uso de pré e pós-teste, porém direcionando o foco para o aprendizado de crianças. As autoras ressaltam a importância do processo de seleção dos participantes da pesquisa, que embora estejam subordinadas ao fim visado por cada autor, devem ter o cuidado de não considerar diferenças relativas ao meio socioeconômico, de grau de escolaridade ou sobre medidas psicométricas dos sujeitos. Ainda segundo as autoras, pode-se selecionar um grupo de participantes em que a noção do conteúdo a ser trabalhado não tenha sido adquirida até aquele momento.

Outro aspecto importante destacado por i-Tech (2008) é a qualidade das questões utilizadas tanto no pré-teste quanto no pós-teste. As perguntas devem ser claras e bem escritas, além de contemplar todos os objetivos da formação. As provas não devem exigir dos participantes a memorização de detalhes irrelevantes, mas sim, verificar se eles aprenderam conceitos importantes e fatos relacionados. As provas desenvolvidas no pré e pós-teste desta pesquisa procuram seguir estas recomendações.

A aplicação dos pré e pós-testes buscou avaliar o conhecimento dos alunos sobre os conteúdos que são trabalhados nas primeiras aulas de Algoritmos. Como pré-teste foram avaliadas as provas realizadas pelos 6 alunos participantes na disciplina de Algoritmos & Lógica de Programação do curso de Análise e Desenvolvimento de Sistemas da Faculdade Senac Pelotas. Já o pós-teste foi aplicado após a oficina de Algoritmos, oferecida aos alunos que reprovaram na disciplina ou com baixo desempenho.

A oficina, que ocorreu entre o pré-teste e o pós-teste, consistiu na realização de atividades de ensino utilizando a ferramenta desenvolvida nesta pesquisa. Em cada uma das aulas da oficina, os alunos receberam uma folha com 4 exercícios de programação cada (Apêndice D). No primeiro encontro foi abordada a programação sequencial e no segundo encontro, a programação condicional. Os encontros compreenderam 4 períodos de aula. Na oficina os alunos puderam explorar os recursos de apoio da ferramenta, que ao detectar a ocorrência de alguma das regras associadas ao estado afetivo de frustração, disponibilizava para estes alunos os botões "Tutorial com a resolução deste exercício" e "Buscar outro exercício com menor complexidade".

As avaliações realizadas compreenderam a elaboração de dois exercícios sobre programação sequencial e outros dois, sobre programação condicional. A figura 5.17 ilustra as etapas da aplicação dos pré e pós-teste desenvolvidos no presente trabalho.

Figura 5.17 – Etapas do Pré e Pós-Teste da Pesquisa
Fonte: o autor

Nos quadros 5.2 e 5.3 estão listados os exercícios analisados como pré-teste e pós-teste para os alunos participantes desta pesquisa.

Quadro 5.2 – Questões do Pré-Teste

SERVIÇO NACIONAL DE APRENDIZAGEM COMERCIAL
FACULDADE DE TECNOLOGIA SENAC PELOTAS
Curso Superior de Tecnologia em Análise e Desenvolvimento de Sistemas
Algoritmos e Lógica de Programação – Edécio Fernando Iepsen

Questões Analisadas como Pré-Teste – Avaliação sobre Programação Sequencial e Condicional

Nome: _____

Elaborar os seguintes programas em Português Estruturado

1. A Revenda de Veículos Herbie necessita de um programa para fazer a avaliação dos veículos usados de seus clientes. Para tanto elaborar um programa que leia modelo, ano e o valor deste veículo zero km. Sabendo que para cada ano de uso deve ser descontado R$ 1.200,00, calcular e exibir o valor da avaliação.

```
Veículo: Pálio
Ano: 2010
Valor Zero km: 30000.00
Valor da Avaliação: 27600.00
```

2. Elabore um programa que leia origem, destino e duração em horas e minutos de uma viagem. Informe a duração da viagem apenas em minutos.

```
Origem: Pelotas
Destino: Porto Alegre
Horas: 3
Minutos: 15
Duração: 195 minutos
```

3. Elaborar um programa que leia nome de um funcionário e a quantidade de vendas de colchões nos meses de janeiro, fevereiro e março. Informe o total vendido e a média das vendas do funcionário nos 3 meses. Informe também se o funcionário Atingiu ou Não Atingiu a Meta de vender em média, no mínimo, 10 colchões.

```
Nome do Funcionário: José Carlos
Vendas de Janeiro: 12
Vendas de fevereiro: 8
Vendas de Março: 13
Total Vendido: 33
Média de Vendas: 11
Atingiu a Meta
```

4. Elaborar um programa para o departamento de classificados de um jornal que leia o número de palavras de um anúncio e informe o valor a ser pago. Sabendo que:
- Anúncios até 20 palavras custam R$ 8.00
- Acima de 20 palavras, os anúncios custam R$ 8.00 + R$ 0.50 para cada palavra extra

```
Nº de Palavras: 23
Valor R$: 9.50
```

Quadro 5.3 – Questões do Pós-Teste

SERVIÇO NACIONAL DE APRENDIZAGEM COMERCIAL
FACULDADE DE TECNOLOGIA SENAC PELOTAS
Curso Superior de Tecnologia em Análise e Desenvolvimento de Sistemas
Algoritmos e Lógica de Programação – Edécio Fernando Iepsen

Oficina de Algoritmos – Avaliação da Metodologia

Nome: _____

Elaborar os seguintes programas:

1. Elaborar um programa que leia o destino e o número de dias e de horas que dura uma viagem de ônibus. Informe a duração total da viagem apenas em horas.

```
Destino: São Paulo
Dias de Duração: 1
Horas de Duração: 6
Duração Total em Horas: 30
```

2. Elaborar um programa que leia modelo e preço de um notebook. Mostre o valor de 2 unidades e o valor promocional destas 2 unidades com 10% de desconto, conforme o exemplo.

```
Notebook: Acer Aspire
Preço R$: 1500,00
2 Unidades de R$: 3000,00
Na Promoção por R$: 2700,00
```

3. Elaborar um programa para uma loja de chocolates, que leia preço e quantidade de bombons comprados por um cliente. Sabendo que acima de 10 bombons, um é de brinde, informe o valor a ser pago pelo cliente e a mensagem "1 bombom é brinde" caso a quantidade seja superior a 10 (se a quantidade for igual ou inferior a 10, exiba apenas o valor a pagar).

```
Preço do Bombom: 1,50
Quantidade: 11
Valor a Pagar R$:  15,00
1 bombom é brinde
```

4. Elaborar um programa para a Tele-Entrega de uma Pizzaria, que leia nome do cliente, valor da conta e o valor que o cliente irá pagar em dinheiro. Informe o valor que o motoboy deve levar de troco ou "Não precisa Levar Troco" se o valor a ser pago for igual ao da conta.

```
Nome do Cliente: João Carlos
Valor da Conta R$: 45,50
Pago pelo Cliente R$: 50,00
Levar de Troco R$: 4,50
```

97

5.6.3. Análise dos Resultados

Os resultados obtidos buscam relacionar o desempenho dos alunos no pré-teste e no pós-teste. Entende-se que a comparação da performance dos alunos no pré e pós-teste deve refletir os benefícios de oferecer um tratamento diferenciado aos estudantes que apresentam um padrão de comportamento no uso da ferramenta, anteriormente associado por seus pares ao estado afetivo de frustração.

A avaliação de cada exercício de algoritmo foi subdividida nas seguintes etapas:

- **Identificação das Variáveis:** analisa se o aluno declarou corretamente as variáveis a serem usadas no programa.
- **Entrada de Dados:** verifica se o aluno fez a leitura das variáveis de entrada no programa.
- **Processamento:** verifica se o aluno fez os cálculos/operações corretas conforme o enunciado do exercício.
- **Exibição das Saídas:** verifica se o aluno apresentou as respostas que o algoritmo deveria apresentar (sem considerar se o processamento estava correto).
- **Uso Correto de Condições:** analisa se o aluno empregou corretamente as condições (se... senão) no programa.

Embora estas etapas estejam fortemente relacionadas na elaboração de um algoritmo, a codificação de cada uma delas pode ser avaliada de forma independente. A explicação de um algoritmo nestas etapas, principalmente nas primeiras aulas, busca facilitar a sua compreensão por parte dos alunos. Desta forma, entende-se ser adequado adotar também esta abordagem para realizar a análise das respostas dos alunos, para os exercícios realizados no pré e no pós-teste. As referências que ressaltam a importância destas etapas na construção de um algoritmo podem ser verificadas no capítulo 2, secção 2.2.

Cada uma destas etapas/partes de um exercício foi avaliada como: Correta, Parcialmente Correta ou Incorreta. Para melhor compreensão e visualização do desempenho de cada aluno, foram elaboradas tabelas e gráficos. Os símbolos e pesos de cada avaliação são demonstrados na tabela 5.3.

Tabela 5.3 – Avaliação, símbolo representativo e peso das partes de cada exercício.

Avaliação	Símbolo	Peso
Correta	✓	2
Parcialmente Correta	⌛	1
Incorreta	✗	0

Fonte: o autor

O peso será utilizado na representação gráfica para ilustrar a comparação do desempenho do aluno no pré e pós-teste. Como cada avaliação continha 4 exercícios – sendo 2 de programação sequencial e 2 de programação condicional – a última subdivisão "Uso Correto de Condições" foi analisada apenas em 2 exercícios.

São destacadas também as características e particularidades de cada aluno convidado para a oficina, visando descrever sobre sua participação no processo de ensino aprendizagem de Algoritmos, utilizando a ferramenta desenvolvida para dar suporte a esta pesquisa.

A descrição das características e a análise dos resultados obtidos no pré e pós-teste dos 6 alunos participantes da oficina são as seguintes:

Aluno 1:

O aluno 1 tem um comportamento nas aulas de Algoritmos que pode ser considerado como tranquilo. É tímido e dificilmente realiza perguntas quando o professor apresenta um conteúdo novo ou faz a correção dos exercícios no quadro ou projetor. No geral, solicita o auxílio do professor eventualmente e de forma particular quando está com dificuldades para resolver um exercício. Na oficina, este padrão de comportamento não foi alterado.

O aluno se mostrou interessado em participar da resolução dos exercícios propostos nas atividades da oficina, demonstrando realmente o desejo de utilizar este tempo para melhorar o seu desempenho nos exercícios. Pôde-se perceber que o aluno utilizou os tutoriais passo a passo, quando exibidos pela ferramenta (ou seja, quando o aluno apresentou um dos padrões associados ao estado afetivo de frustração). Em dois momentos da oficina em que o aluno solicitou a auxílio do professor, pôde-se verificar que o aluno estava realizando os exercícios de menor nível de complexidade sugeridos pela ferramenta.

Em relação ao seu desempenho no pré e pós-teste, pode-se observar que o aluno apresentou melhorias em todos os aspectos de elaboração de Algoritmos analisados, conforme indica a representação ilustrativa da tabela 5.4.

A avaliação da prova no pré-teste permitiu identificar grandes dificuldades do aluno nas etapas de entrada de dados, processamento dos Algoritmos e exibição das respostas (saída de dados). No pré-teste, na etapa da entrada de dados o aluno havia acertado apenas um dos programas, enquanto que, no pós-teste ele acertou esta atividade nos 4 exercícios. Sua dificuldade na etapa de realização dos cálculos ou preparação correta dos dados para a saída (processamento) salienta-se, pois o aluno errou este quesito nos 4 exercícios do pré-teste. No pós-teste houve uma pequena melhora, quando o aluno realizou esta atividade de forma parcialmente correta em 2 exercícios. Na etapa da exibição das respostas do programa também houve um importante avanço. No pré-teste o aluno acertou parcialmente 2 exercícios, já no pós-teste houve novamente 2 exercícios parcialmente corretos, porém nos outros 2 o aluno acertou completamente esta atividade. Nas demais etapas dos exercícios, o aluno apresentou melhores resultados, porém não tão significativos.

Pode-se concluir que participar da oficina de Algoritmos – onde as questões de afetividade foram trabalhadas a partir do uso da ferramenta – foi importante para este aluno. Como ilustra o gráfico representado na figura 5.18, o estudante avançou no aprendizado em todas as etapas da elaboração de Algoritmos, precisando melhorar na parte do processamento e uso de condições.

Tabela 5.4 – Representação das Correções de Pré e Pós-Teste do Aluno 1

Itens Avaliados	Pré-Teste					Pós-Teste				
	Prog.1	Prog.2	Prog.3	Prog.4	Total	Prog.1	Prog.2	Prog.3	Prog.4	Total
Identificação das Variáveis	◐	◐	◐	✓	5	◐	✓	◐	✓	6
Entrada de Dados	✗	✗	✗	✓	2	✓	✓	✓	✓	8
Processamento	✗	✗	✗	✗	0	✗	◐	✗	◐	2
Exibição das Saídas	✗	◐	✗	◐	2	✓	✓	◐	◐	6
Uso Correto de Condições			✗	◐	1			◐	◐	2

Símbolos: ✓ Questão Correta (Soma 2)   ◐ Parcialmente Correta (1)   ✗ Incorreta (0)

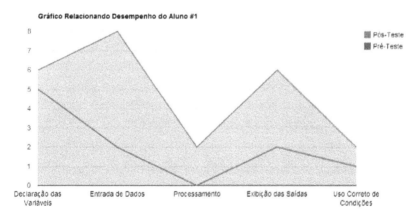

Figura 5.18 - Gráfico Relacionando Desempenho do Aluno 1 (Pré e Pós-Teste)
Fonte: o autor

101

Aluno 2:

O aluno 2 também é bastante tímido nas aulas de Algoritmos. Dificilmente faz perguntas perante a turma durante as explicações do professor. Suas solicitações de apoio individual ao professor são muito eventuais – comportamento que se manteve nas aulas da oficina de Algoritmos. Mostrou-se bastante interessado em participar da oficina, tendo inclusive reorganizado seus horários de trabalho para não coincidirem com as datas das atividades propostas.

Durante a realização da oficina, pôde-se observar apenas na segunda aula que o aluno recebeu a recomendação da ferramenta para a realização de exercícios mais simples. Nos dois dias que ocorreram a oficina, o professor sentou-se junto ao aluno para verificar se ele estava precisando de ajuda (uma vez em cada dia). A intervenção do professor auxiliou o aluno em dificuldades pontuais de realização de cálculos (no exercício 3 da primeira aula) e exibição dos dados de saída (no exercício 4 da segunda aula). As folhas dos exercícios encontram-se no Apêndice D.

Com relação às avaliações de pré e pós-teste, pode-se destacar no pré-teste as dificuldades do aluno nas etapas de processamento e exibição das saídas do programa, conforme ilustra a tabela 5.5. Na etapa de processamento, dos quatro programas realizados pelo aluno no pré-teste ele obteve apenas um parcialmente correto. A etapa de exibição das saídas, o aluno apresentou um desempenho preocupante, tendo errado este aspecto nos quatro programas. Nas demais etapas do pré-teste, o aluno apresentou um desempenho um pouco melhor. Deve-se destacar que o aluno não realizou um dos exercícios da avaliação do pré-teste, o que prejudicou bastante o seu desempenho como um todo nesta prova.

Na avaliação do pós-teste o aluno também deixou em branco um dos exercícios propostos na atividade. A melhora que se mostrou mais significativa foi na etapa da exibição das respostas dos exercícios. O aluno avançou do valor 0 (pré-teste) para 4 (pós-teste). Na avaliação realizada após a oficina o aluno exibiu corretamente as saídas em um dos programas e de forma parcialmente correta, em outros dois. Houve uma oscilação negativa na etapa de identificação das variáveis e um "empate" na etapa que avalia o uso correto das condições. Nas demais etapas, o aluno apresentou um melhor desempenho no pós-teste, conforme ilustra o gráfico da figura 5.19.

Embora seja necessário alertar o aluno sobre os prejuízos de deixar exercícios em branco nas provas, pode-se considerar como positiva a participação dele na oficina de Algoritmos com o uso da ferramenta que detecta e auxilia os alunos que evidenciam sinais de frustração. A exibição dos tutoriais, que foi utilizado pelo aluno segundo as observações do professor, permitiu ao aluno melhorar de forma significativa uma importante etapa da construção de Algoritmos que é a apresentação das saídas do programa.

Tabela 5.5 – Representação das Correções de Pré e Pós-Teste - Aluno 2

Itens Avaliados	Pré-Teste					Pós-Teste				
	Prog.1	Prog.2	Prog.3	Prog.4	Total	Prog.1	Prog.2	Prog.3	Prog.4	Total
Identificação das Variáveis	✖	◐	✔	✔	5	◐	✖	✔	◐	4
Entrada de Dados	✖	◐	✔	◐	4	✔	✖	✔	✔	6
Processamento	✖	✖	◐	✖	1	✖	✖	◐	◐	2
Exibição das Saídas	✖	✖	✖	✖	0	✔	✖	◐	◐	4
Uso Correto de Condições			✖	✔	2			◐	◐	2

Símbolos: ✔ Questão Correta (Soma 2) ◐ Parcialmente Correta (1) ✖ Incorreta (0)

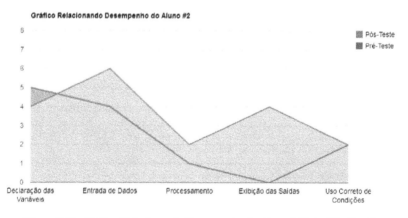

Figura 5.19 - Gráfico Relacionando Desempenho do Aluno 2 (Pré e Pós-Teste)
Fonte: o autor

Aluno 3:

O terceiro aluno participante da oficina de Algoritmos pode ser considerado como exigente (autocobrança com o seu aprendizado), se mostrando, por vezes, desanimado quando não consegue resolver um problema. Apresenta bons desempenhos, mas em diversas circunstâncias ressalta ao professor as dificuldades encontradas com os exercícios, deixando de destacar as soluções por ele obtidas. Em algumas oportunidades (nas aulas de Algoritmos sem o uso da ferramenta), o professor percebeu que o estudante estava realizando outras atividades, sem ter concluído as tarefas indicadas. Ao abordar o aluno, o professor verificou que ele desistiu de fazer a atividade por alguma dificuldade encontrada.

Nas atividades da oficina de Algoritmos, o aluno participou com bastante interesse. Foi possível observar que o aluno recebeu da ferramenta a recomendação dos exercícios com menor nível de complexidade e que acompanhou a exibição dos tutoriais passo a passo. O aluno relatou ao professor que os tutoriais foram importantes para esclarecer suas dúvidas em relação aos assuntos abordados. Ainda segundo o relato do aluno, alguns dos tutoriais foram vistos por ele mais de uma vez.

Nas considerações sobre o pré e pós-teste do aluno, pode-se observar que ele apresentou um desempenho satisfatório no primeiro e excelente no segundo. No pré-teste, suas maiores dificuldades foram observadas nas etapas de processamento dos dados recebidos pelo programa, visando a preparação dos dados de saída e no uso correto das condições. Na etapa do processamento, o aluno acertou plenamente este quesito em um dos programas, com acertos de forma parcial em outros 2. Já sobre o uso correto das condições, recurso presente nos dois últimos programas, o aluno acertou de forma parcial o uso do "se ... senão" apenas em um deles. Neste importante aspecto o aluno não apresentou um bom desempenho no pré-teste.

Como ressaltado no parágrafo anterior, o desempenho do aluno no pós-teste foi excelente. O aluno acertou todas as partes de todos os exercícios propostos nesta atividade, conforme pode ser observado na tabela 5.6. Não foi necessário fazer qualquer ressalva nos programas entregues pelo aluno. Assim, as etapas de realização do processamento e uso correto de condições foram as que evidenciaram um maior progresso do aluno comparando os dados do pré e pós-teste, conforme ilustra o gráfico representado na figura 5.20.

Pode-se verificar que a utilização da ferramenta que considera os aspectos afetivos dos alunos, durante a realização da oficina de Algoritmos foi importante para este aluno. A possibilidade do aluno de poder acompanhar a resolução passo a passo de alguns exercícios que ele sentiu dificuldades para resolver, bem como, pela recomendação de exercícios com menor nível de complexidade auxiliaram a este aluno solidificar seus conhecimentos.

Tabela 5.6 – Representação das Correções de Pré e Pós-Teste - Aluno 3

Itens Avaliados	Pré-Teste					Pós-Teste				
	Prog.1	Prog.2	Prog.3	Prog.4	Total	Prog.1	Prog.2	Prog.3	Prog.4	Total
Identificação das Variáveis	✓	✓	✓	◓	7	✓	✓	✓	✓	8
Entrada de Dados	✓	✓	✓	✓	8	✓	✓	✓	✓	8
Processamento	✓	◓	◓	✖	4	✓	✓	✓	✓	8
Exibição das Saídas	✓	✓	✓	◓	7	✓	✓	✓	✓	8
Uso Correto de Condições			✖	◓	1			✓	✓	4

Símbolos: ✓ Questão Correta (Soma 2) ◓ Parcialmente Correta (1) ✖ Incorreta (0)

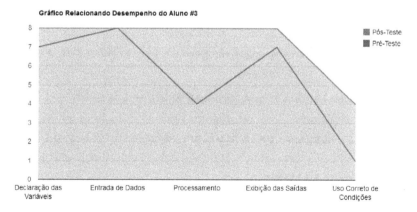

Figura 5.20 - Gráfico Relacionando Desempenho do Aluno 3 (Pré e Pós-Teste)
Fonte: o autor

105

Aluno 4:

O quarto aluno participante da oficina de Algoritmos procura sentar na primeira fila do laboratório onde ocorrem as aulas e expressa atenção às explicações dadas pelo professor. Apresenta algumas dificuldades na elaboração dos exercícios, mas geralmente se prepara muito bem para as avaliações atingindo bons desempenhos.

Na oficina de Algoritmos, sua participação foi discreta. Não foi observado pelo professor, que o aluno tenha recebido a recomendação de novos exercícios (mais simples) pela ferramenta ou que ele tenha visto algum tutorial com a resolução passo a passo dos exercícios. O professor foi chamado para auxiliar o aluno na elaboração do exercício 3 da segunda aula (Apêndice D), sobre uma dúvida referente a etapa de processamento dos dados a serem exibidos.

Na comparação dos desempenhos no pré e pós-teste pode-se perceber uma oscilação positiva e negativa entre as etapas avaliadas nos programas, como pode ser observado no gráfico da figura 5.21. No pré-teste o aluno obteve taxas de aproveitamento altas nas etapas de identificação das variáveis, entrada de dados, exibição das saídas e uso correto das condições. A etapa em que o aluno não foi bem se refere ao processamento dos dados. Nela, o aluno acertou de forma parcial todos os 4 programas. Esta etapa é muito importante na elaboração de um algoritmo, pois sabe-se que embora o aluno tenha compreendido quais as saídas que o programa deve exibir (acertou este aspecto em todos os programas), se os cálculos ou a preparação das variáveis não estiver correta, as saídas de igual forma irão ficar incorretas.

No pós-teste o aluno melhorou nas etapas processamento e uso correto de condições, porém apresentou índices um pouco inferiores ao pré-teste nas etapas de entrada de dados e exibição das saídas.

A ideia central da pesquisa, empregada na ferramenta, é que ela deve auxiliar com maior ênfase aquele aluno que evidencia sinais de frustração na realização dos exercícios de Algoritmos. Como pode ser observado na tabela 5.7, o aluno 4 obteve taxas de desempenho altas na primeira avaliação, com uma dificuldade pontual na etapa de processamento dos Algoritmos.

Cabe salientar também que a ferramenta não é intrusiva, isto é, ela não "força" o aluno a executar determinadas tarefas. No momento em que o estudante apresentar um dos padrões de comportamento associados ao estado afetivo de frustração, são exibidos os botões "Tutorial com a resolução deste exercício" e "Buscar outro Exercício com menor Complexidade", que o aluno pode optar por clicar ou não. Entende-se que ações que interfiram de forma muito intrusiva no desenvolvimento das atividades do aluno, poderiam de certa forma aborrecê-lo e acabar contribuindo para a sua frustração.

Assim, conclui-se que a participação na oficina de Algorítmos para este aluno, talvez por ele pouco explorar os recursos disponibilizados na ferramenta ou então por não apresentar um dos padrões associados ao estado afetivo de frustração na realização dos exercícios da oficina, trouxe uma pequena contribuição para o seu aprendizado.

Tabela 5.7 – Representação das Correções de Pré e Pós-Teste - Aluno 4

Itens Avaliados	Pré-Teste					Pós-Teste				
	Prog.1	Prog.2	Prog.3	Prog.4	Total	Prog.1	Prog.2	Prog.3	Prog.4	Total
Identificação das Variáveis	✓	◔	✓	◔	6	✓	◔	◔	✓	6
Entrada de Dados	✓	✓	✓	✓	8	✓	◔	✓	✓	7
Processamento	◔	◔	◔	◔	4	✓	◔	◔	✓	6
Exibição das Saídas	✓	✓	✓	✓	8	✓	✓	◔	✓	7
Uso Correto de Condições			✓	◔	3			✓	✓	4

Símbolos: ✓ Questão Correta (Soma 2)   ◔ Parcialmente Correta (1)   ✖ Incorreta (0)

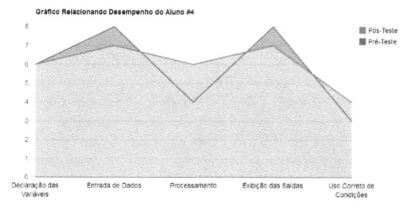

Figura 5.21 - Gráfico Relacionando Desempenho do Aluno 4 (Pré e Pós-Teste)
Fonte: o autor

107

Aluno 5:

O quinto aluno participante da oficina de Algoritmos apresenta diversas dificuldades na elaboração dos programas de Algoritmos, porém é muito esforçado e relata que estuda bastante para as avaliações. Geralmente solicita exercícios extras antes das provas ou trabalhos, buscando auxílio do professor por e-mail quando permanece com dúvidas para resolver seus exercícios. Nas aulas, participa atentamente das atividades, indagando quando não consegue acompanhar algum ponto abordado.

Nas aulas da oficina de Algoritmos o aluno participou ativamente, tendo realizado todos os exercícios sugeridos. No final de cada aula da oficina o aluno inclusive chamou o professor para mostrar as suas respostas, sendo que 3 dos exercícios mostrados pelo aluno (nas duas aulas) foram os de menor nível de complexidade recomendados pela ferramenta. Pôde-se perceber durante a oficina que o aluno assistiu aos tutoriais daqueles exercícios em que ele evidenciou um dos padrões associados anteriormente pelos seus pares ao estado afetivo de frustração. O aluno relatou ao professor que durante a oficina vários aspectos dos Algoritmos foram melhor compreendidos e que os exercícios do pós-teste foram elaborados por ele sem maiores dificuldades. O aluno também reforçou que os auxílios pró-ativos inseridos na ferramenta, ou seja, os tutoriais e a consequente recomendação de um exercício com menor nível de complexidade objetivando reforçar etapas não bem assimiladas pelo aluno em um algoritmo foram recursos valiosos para a melhoria do seu aprendizado.

Quanto às considerações sobre o pré e pós-teste do aluno, pode-se destacar as melhorias de aprendizado nas etapas de processamento e exibição das saídas, conforme ilustra o gráfico da figura 5.22. Nas primeiras etapas da elaboração de um programa, que são a identificação das variáveis e a entrada de dados, o aluno apresentou um bom desempenho. Estas etapas exigem que o aluno compreenda quais os dados devem ser recebidos pelo programa, sendo que o aluno 5 apresentou o mesmo desempenho nestas etapas no pré e pós-teste. Já na etapa do processamento dos dados o aluno apresentou uma significativa melhora: teve 2 acertos completos, 1 acerto parcial e um erro no pré-teste e 4 acertos completos no pós-teste. Na exibição das saídas, o aluno saltou do valor 4 no pré-teste para 7 no pós-teste, conforme ilustra a tabela 5.8, com os pesos dados para cada questão correta, parcialmente correta e incorreta. No uso correto de condições também houve uma melhora. Este recurso estava presente em dois programas. No pré-teste o aluno acertou este quesito de forma completa em um programa e de forma parcial em outro. No pós-teste, foram 2 acertos completos.

Além de um melhor desempenho na avaliação do pós-teste, os relatos do aluno ao professor indicando os benefícios da ferramenta foram importantes para esta pesquisa. O aluno indicou que conseguiu entender melhor o conteúdo abordado com o auxílio da ferramenta na oficina, principalmente a partir da possibilidade de repetir a exibição dos tutoriais daqueles exercícios que ele teve dificuldades de resolver, e desta forma se sentiu mais confiante para elaborar os exercícios do pós-teste.

Tabela 5.8 – Representação das Correções de Pré e Pós-Teste - Aluno 5

Itens Avaliados	Pré-Teste					Pós-Teste				
	Prog.1	Prog.2	Prog.3	Prog.4	Total	Prog.1	Prog.2	Prog.3	Prog.4	Total
Identificação das Variáveis	✓	✓	✓	◐	7	✓	✓	◐	✓	7
Entrada de Dados	✓	✓	✓	✓	8	✓	✓	✓	✓	8
Processamento	✗	✓	✓	◐	5	✓	✓	✓	✓	8
Exibição das Saídas	✗	✓	◐	◐	4	✓	✓	◐	✓	7
Uso Correto de Condições			◐	✓	3			✓	✓	4

Símbolos: ✓ Questão Correta (Soma 2) ◐ Parcialmente Correta (1) ✗ Incorreta (0)

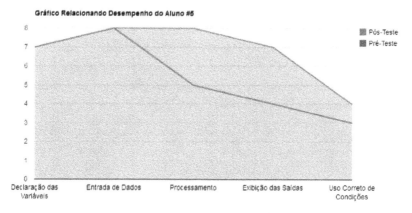

Figura 5.22 - Gráfico Relacionando Desempenho do Aluno 5 (Pré e Pós-Teste)
Fonte: o autor

Aluno 6:

O aluno 6 participa ativamente das aulas, procura realizar os exercícios em sala de aula, mas relata ter pouco tempo para estudar fora do horário das aulas. Apresenta algumas dificuldades que geram um maior grau de preocupação no que se refere ao processo de aprendizagem, pois em vários programas o aluno não compreende corretamente quais os dados que o programa deve receber e quais informações devem ser exibidas como resposta. Percebe-se que o aluno utiliza trechos de outros programas na resolução do programa atual – sem haver relação entre ambos. Isto compromete de forma negativa o desempenho deste aluno nas avaliações.

Na oficina de Algoritmos pôde-se observar que o aluno utilizou com frequência o recurso dos tutoriais para auxílio nos programas em que ele apresentou dificuldades. Em diversos momentos, o professor foi chamado para conferir a resposta dos programas realizados pelo aluno. Em alguns deles, o exercício que o aluno buscava a correção era o de menor nível de complexidade, sendo este o indicativo de que a ferramenta detectou um padrão no comportamento do aluno associado ao estado afetivo de frustração e lhe possibilitou ver o tutorial passo a passo do exercício não solucionado.

Outro aspecto preocupante que foi observado em alguns programas elaborados pelo aluno nas aulas de Algoritmos, e também no pré-teste, é que dados que deveriam ser apresentados como a saída do exercício, foram tratados como se fossem dados de entrada. Um exemplo desta situação ocorreu no exercício 4 do pré-teste (quadro 5.2), onde foi solicitado para que o programa fizesse a leitura do número de palavras de um anúncio e, com base em algumas condições, apresentasse o valor a ser pago por aquele anúncio. Na resposta para este exercício, o aluno fez a leitura tanto do número de palavras, quanto do valor a ser pago pelo anúncio. Nos exercícios do pós-teste este tipo de erro não mais ocorreu.

Uma situação que pôde ser observada nas aulas de Algoritmos referente a este aluno é que ele permanecia por um longo tempo estudando a solução para cada um dos exercícios propostos, mas com avanços muito pequenos entre cada abordagem realizada pelo professor. Ou seja, o aluno estava interessado em aprender e o professor buscava dar o suporte necessário, mas algum "bloqueio" ainda impedia a compreensão e o progresso do aluno na disciplina.

Para alunos com este perfil a exibição dos tutoriais, no momento em que eles talvez estivessem por esgotar as possibilidades de solução para um problema, pode se constituir em uma abordagem diferenciada – como se fosse um complemento para as explicações do professor. Bercht (2006), no trecho citado na motivação deste trabalho, sugere esta abordagem quando indica a importância de alternar as ações e utilizar recursos de mídia e materiais de apoio diversificados para encorajar o aluno que encontra-se frustrado a continuar seus estudos.

A tabela 5.9 e o gráfico da figura 5.23 ilustram os avanços no processo de aprendizagem do sexto aluno participante da oficina de Algoritmos, ocorridos entre o pré e o pós-teste.

Tabela 5.9 – Representação das Correções de Pré e Pós-Teste - Aluno 6

Itens Avaliados	Pré-Teste					Pós-Teste				
	Prog.1	Prog.2	Prog.3	Prog.4	Total	Prog.1	Prog.2	Prog.3	Prog.4	Total
Identificação das Variáveis	◔	◔	✖	◔	3	◔	◔	◔	◔	4
Entrada de Dados	◔	✔	✖	✖	3	✔	✔	◔	◔	6
Processamento	✔	✖	✖	✖	2	✔	◔	◔	◔	5
Exibição das Saídas	✔	✖	✖	✖	2	✔	✔	◔	✔	7
Uso Correto de Condições		✖	✖		0			◔	✔	3

Símbolos: ✔ Questão Correta (Soma 2)   ◔ Parcialmente Correta (1)   ✖ Incorreta (0)

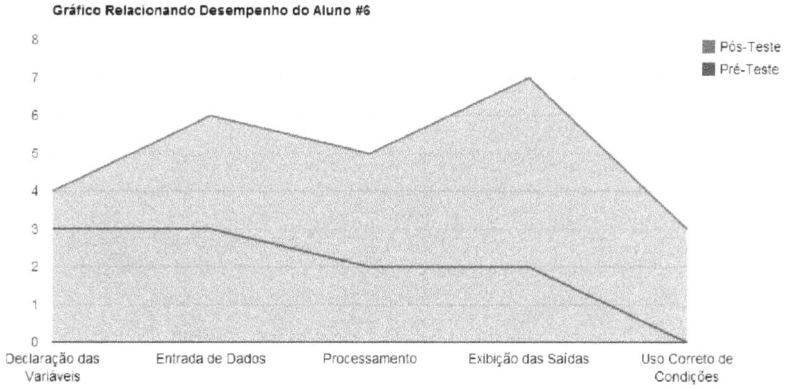

Figura 5.23 - Gráfico Relacionando Desempenho do Aluno 6 (Pré e Pós-Teste)
Fonte: o autor

Análise do Desempenho dos Alunos

Após a exibição dos dados dos 6 alunos participantes da oficina de Algoritmos, tendo-se detalhado de forma interpretativa as características e etapas do processo realizado por cada aluno, foi elaborado uma representação gráfica com os valores médios obtidos pelos alunos no pré e pós-teste.

Como destacado no início deste capítulo, uma pesquisa com enfoque qualitativo pode envolver as experiências pessoais e observações realizadas a partir de estudos de caso e vários outros materiais empíricos (DENZIN; LINCOLN, 2006). Segundo Strauss e Corbin (2008), a pesquisa qualitativa é aquela que produz resultados não alcançados através de procedimentos estatísticos ou outros meios de quantificação. Ainda segundo os autores, alguns dados podem ser quantificados, mas a parte principal da análise é interpretativa.

Desta forma, entende-se ser importante destacar o comparativo apresentado no gráfico da figura 5.24. Embora o número de alunos seja pequeno, justamente por se tratar de uma pesquisa com enfoque qualitativo, pode-se verificar um avanço no aprendizado dos alunos em todas as etapas da construção dos Algoritmos analisados.

Conclui-se, portanto, que a parte desta pesquisa que trata do aspecto de auxiliar os alunos que indicam sinais do estado afetivo de frustração na realização dos exercícios de Algoritmos apresenta fortes evidências de ser efetiva.

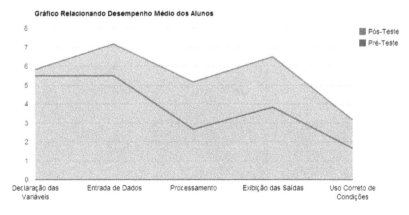

Figura 5.24 – Gráfico Relacionando Desempenho Médio dos Alunos
Fonte: o autor

112

5.7. Considerações Finais deste Capítulo

Este capítulo teve por objetivo descrever de forma detalhada os métodos e instrumentos utilizados na elaboração da presente pesquisa. Foram exibidas as etapas da abordagem metodológica desenvolvida – contemplando a criação de uma ferramenta para validar a pesquisa e o desenvolvimento de estudos de caso – a fim de detectar aqueles alunos que apresentam dificuldades de aprendizagem de Algoritmos, para então auxiliá-los a mitigar estas dificuldades utilizando um recurso diferenciado de ensino disponível na própria ferramenta.

Para detectar as variáveis comportamentais que pudessem estar associadas ao estado afetivo de frustração do aluno foram realizados três experimentos. Com o primeiro experimento, foi possível ao autor desta pesquisa, elaborar de forma empírica uma tabela com as características comportamentais relevantes associadas à frustração do aluno, obtidas a partir da manipulação dos dados gerados pelas interações destes alunos com a ferramenta. No segundo experimento, procurou-se formalizar este processo, fazendo uso de uma ferramenta de Mineração de Dados para gerar as regras de forma automática. E, por fim, realizou-se um terceiro experimento visando confirmar estas regras, onde a ferramenta foi programada para indagar o aluno se ele estava realmente se sentindo frustrado no momento detectado pela ferramenta, ou seja, na ocorrência de alguma das regras associadas a este sentimento obtidas no segundo estudo de caso.

A etapa de auxiliar os alunos foi acrescentada no segundo estudo de caso, a fim de verificar quais os instrumentos pedagógicos poderiam ser utilizados na ferramenta. Tendo-se optado pela exibição de um tutorial com a resolução do exercício não resolvido pelo aluno e a recomendação de um novo exercício, com um nível menor de complexidade, partiu-se então para implementar estes recursos na ferramenta. Sua validação ocorreu no terceiro estudo de caso, quando foram analisados os possíveis benefícios desta abordagem. Detalhes da participação de cada aluno neste experimento, bem como, gráficos relacionando o desempenho dos alunos nos pré e pós-testes realizados foram destacados no final deste capítulo.

Por fim, entende-se que a descrição do processo metodológico apresentado neste capítulo permitiu detalhar a forma como ocorreu a presente pesquisa, fornecendo importantes indicativos que nos permitem concluir que é possível detectar o estado afetivo de frustração do aluno quando ele está interagindo com um ambiente computacional na realização de exercícios de Algoritmos e que, auxiliar estes alunos no momento em que este sentimento está na eminência de ocorrer, pareceu trazer avanços na sua aprendizagem a partir dos resultados demonstrados.

6. CONSIDERAÇÕES FINAIS

O trabalho desenvolvido nesta tese teve por objetivo investigar de que maneira a detecção do estado afetivo de frustração dos estudantes na área de Algoritmos pode contribuir nos processos de aprendizagem nesta disciplina, por meio da descoberta de padrões de comportamento nas ações do aluno em um ambiente de programação. A disciplina de Algoritmos está presente nos primeiros semestres dos cursos da área de Computação e, para muitos autores, é uma das principais responsáveis pelas altas taxas de evasão dos alunos nestes cursos. Com o emprego das técnicas de Computação Afetiva, buscou-se auxiliar aos professores da disciplina a lidar em situações como, por exemplo, turmas com grande número de alunos, onde um auxílio individual do professor é praticamente inviável de ocorrer a todos os estudantes. Desta forma, procura-se detectar os alunos que podem estar apresentando sinais do estado afetivo de frustração – que pode afetar negativamente o seu processo de aprendizagem (PICARD et al, 2004) – para então, exibir ações pedagógicas de apoio a estes estudantes.

Além do problema relacionado ao elevado número de alunos em uma turma, Raabe e Silva (2005) destacam diversos outros, que dificultam o aprendizado de Algoritmos. Com a possibilidade de avaliar a dimensão afetiva do estudante, entende-se que a presente pesquisa possa contribuir para amenizar alguns deles. Trabalhar com as diferenças de ritmos de aprendizagem dos alunos, apoiar de forma proativa os estudantes, construir bons materiais de apoio e abordar a questão da afetividade são as dimensões nas quais esta pesquisa visa propiciar um suporte aos alunos, frente às adversidades elencadas pelos autores Raabe e Silva (2005).

Tendo como referência as pesquisas de Kapoor, Burleson e Picard (2007) e Bercht (2001), a ideia deste trabalho foi relacionar as variáveis comportamentais produzidas pelos alunos em um ambiente de programação ao estado afetivo frustração do aluno. Para validar o estudo, uma ferramenta que converte pseudocódigo em programas foi criada, a fim de capturar as ações do aluno, e executar o algoritmo ou apresentar os erros existentes no código do estudante. Junto com os botões padrões do ambiente, foi adicionado à ferramenta o botão "Estou Frustrado", e em algumas aulas, foram capturadas as ações anteriores ao clique dos alunos nestes botões. Assim, foi possível obter-se um padrão para identificar alunos que possivelmente estão sentindo-se frustrados na disciplina.

Um estudo de caso piloto realizado com 58 alunos demonstrou que diferentes evidências podem estar relacionadas ao estado de frustração do aluno, tais como alto número de tentativas de compilação de um programa sem sucesso, elevado número de programas com erros, ou grande quantidade de tempo gasto na tentativa de resolver um algoritmo.

Dois novos estudos de caso foram então realizados. No primeiro deles, buscou-se adaptar os dados coletados pelas interações dos alunos com a ferramenta a um software de Mineração de Dados – o WizRule. Assim, foram geradas as regras que indicam as situações em que os alunos se sentem encorajados a afirmar que estão frustrados ao resolver os exercícios de Algoritmos, substituindo o modo empírico utilizado no estudo de caso piloto por um método formal. No segundo estudo de caso, realizado a partir de uma oficina de Algoritmos para alunos com dificuldades de aprendizagem, procurou-se verificar a corretude das regras geradas, questionando-se os alunos para verificar se eles realmente estavam se sentindo frustrados no momento da ocorrência de alguma das regras anteriormente mineradas. Neste estudo de caso foram adicionados também recursos didático-pedagógicos visando auxiliar o aprendizado destes alunos. Assim, foram preparados tutoriais explicando passo a passo a resolução do exercício no qual o aluno evidenciou sinais de frustração, além de lhe recomendar um novo exercício com um nível menor de complexidade. Tal abordagem de apoio tem referência nos trabalhos de Bercht (2006) e Zabala (1999). De forma resumida, estes educadores indicaram que: a) um sistema computacional deve saber quando o aluno está frustrado a fim de encorajá-lo a continuar seus estudos, utilizando materiais de apoio com recursos de mídia alternativos (BERCHT, 2006) e b) deve-se desenvolver exercícios que respeitem os ritmos de aprendizagem dos alunos, sendo que o uso de problemas mais simples fomenta e fortalece a aquisição do conhecimento por parte dos aprendizes (ZABALA, 1999).

Ainda neste último experimento, com enfoque qualitativo, foram apresentados em detalhes os benefícios para a aprendizagem identificados em cada um dos alunos participantes da oficina. Tabelas e gráficos comparando o desempenho dos alunos nos pré e pós-testes foram elaborados para ilustrar as percepções do professor de

Algoritmos/autor da pesquisa. A fim de justificar esta metodologia, Lankshear e Knobel (2008) afirmam que os professores devem utilizar seu conhecimento e experiência para conduzir suas ações de pesquisa.

As seguintes conclusões podem ser destacadas a partir da aplicação dos estudos de caso:

- Há evidências de que as variáveis comportamentais produzidas pelas interações dos alunos com uma ferramenta para a criação de Algoritmos, principalmente aquelas relacionadas a ocorrência repetida de erros no código e demora para a conclusão do exercício, estejam associadas ao estado afetivo de frustração do aluno.

- Foi possível apoiar os alunos em seus processos de aprendizagem no momento em que apresentaram um destes comportamentos associados à frustração, utilizando uma didática de ensino direcionada para suprir suas dificuldades.

Desta forma entende-se que os resultados obtidos com a realização dos estudos de caso permitem confirmar as premissas que nortearam a elaboração desta tese foram confirmadas. Por conseguinte, acredita-se que o emprego das ferramentas e métodos desenvolvidos na pesquisa, no que diz respeito à aprendizagem em Algoritmos, possa contribuir para mitigar a evasão nos cursos da área de Computação.

Salienta-se também que a abordagem aqui destacada pode ser utilizada tanto em cursos presenciais, quanto na modalidade a distância – principalmente nas primeiras aulas, quando se observa que ocorre o maior número de desistências. Em cursos presenciais, permite contemplar, em especial, àqueles alunos mais tímidos e que acabam desistindo do curso muitas vezes sem a percepção do professor – pois não solicitam ajuda ou demonstram suas dificuldades. Em cursos a distância, a utilização de uma ferramenta para detecção e auxílio aos alunos que evidenciam sinais do estado afetivo frustração pode ser de vital importância para que os professores/tutores possam perceber as reais dificuldades dos estudantes e apoiá-los com a recomendação de exercícios mais lineares aos seus conhecimentos ou com materiais pedagógicos diversificados.

Como trabalhos futuros, julga-se oportuno investigar a integração desta pesquisa com alguma outra que tenha o foco direcionado para abordar os aspectos motivacionais dos alunos. Também pretende-se desenvolver um portal para disponibilizar a ferramenta aqui construída para professores de Algoritmos, contando com um conjunto de exercícios e tutoriais a serem compartilhados por todos os envolvidos com o tema. Caso seja de interesse, outros professores poderiam inclusive programar a ferramenta para capturar novos dados e realizar o processo de geração de novas regras de mineração de dados sobre eles. Além disso, pode-se implementar melhorias na ferramenta desenvolvida para validar esta tese, como, por exemplo, realizar estudos visando tornar mais significativas as mensagens de erro exibidas pela ferramenta.

E, para finalizar, entende-se que outra contribuição desta pesquisa foi também indicar que o atual estágio dos estudos da área de Computação Afetiva permite que aplicações educacionais façam uso de suas técnicas para inferir os estados afetivos dos alunos e assim auxiliá-los – sem a necessidade da utilização de complexos equipamentos para captura de sinais fisiológicos.

REFERÊNCIAS

AMSEL, A. *Frustration Theory: An Analysis of Dispositional Learning and Memory.* University of Texas, Austin. Cambridge University Press, 1992.

ASCÊNCIO, A.F.G.; CAMPOS, E.A.V. *Fundamentos da Programação de Computadores.* Editora Pearson Prentice Hall. São Paulo, 2007.

AURELIANO, V. C. O., TEDESCO, P. C. A. R. *Ensino-aprendizagem de Programação para Iniciantes: uma Revisão Sistemática da Literatura focada no SBIE e WIE.* Anais do SBIE. Rio de Janeiro. 2012.

BARCELOS, R. J. S. *O Processo de Construção do Conhecimento de Algoritmos com o Uso de Dispositivos Móveis Considerando Estilos Preferenciais de Aprendizagem.* Tese de Doutorado. UFRGS. 2012.

BARNES, D. J., KÖLLING, M. *Objects First With Java: A Practical Introduction Using BlueJ.* Prentice Hall - Pearson Education. USA, 2008.

BEEDI, C. J.; TERRY, P. C.; LANE, A. M. *Distintion between emotion and mood.* Cognition and Emotion, 2005.

BECKER, F. *O caminho da Aprendizagem em Jean Piaget e Paulo Freire: Da Ação à Operação.* Editora Vozes. Petrópolis, RJ. 2010.

BENYON, D. *Interação Humano Computador – 2ª Edição.* Editora Pearson. São Paulo, 2011

BERCHT, M.. *Em Direção a Agentes Pedagógicos com Dimensões Afetivas.* Instituto de Informática. UFRGS. Tese de Doutorado. Porto Alegre, 2001.

_____. *Computação Afetiva: Vínculos com a Psicologia e Aplicações na Educação.* Instituto de Informática: UFRGS. Seminário Brasileiro de Psicologia e Informática (III Psicoinfo): São Paulo, 2006.

BSA - Business Software Alliance Apud Folha. *Brasil sobe em ranking de tecnologia, mas escassez de talentos preocupa.* Em http://www1.folha.uol.com.br/bbc/981483-brasil-sobe-em-ranking-de-tecnologia-mas-escassez-de-talentos-preocupa.shtml. Acesso Out/2011

CASPERSEN, M. E., KÖLLING, M. STREAM: *A First Programming Process.* Department of Computer Science, Aarhus University, Denmark. ACM. 2009.

CASTRO, T. C., CASTRO JÚNIOR, A. N., MENEZES, C. S., BOERES, M. C. S., RAUBER, M. C. P. V. *Utilizando Programação Funcional em Disciplinas Introdutórias de Computação.* Anais do WEI 2003, Brasil. 2003.

CHOI, A., MELO, C., WOO, W., GRATCH, J. *Affective engagement to emotional facial expressions of embodied social agents in a decision-making game.* Computer Animation and Virtual Worlds. University of Southern California, CA, USA. 2012.

COOL, C. NG, K.B. *Identifying Behaviors Associated With Frustration While Searching Digital Libraries in Order to Design Better Help Systems.* LIDA. Queens College. USA. 2012.

CORNELIUS, R. *The Science of Emotion: Research and Tradition in the Psichology of Emotion.* Upper Saddle River, New Jersey: Prentice Hall,1996.

DAMÁSIO, A. *O Erro de Descartes: emoção, razão e o cérebro humano.* Tradução: Dora Vicente e Georgina Segurado. São Paulo: Cia das Letras, 1996.

DEITEL, P., DEITEL, H. *Java: Como Programar.* 8ª Ed. São Paulo, Editora Pearson Prentice Hall, 2010.

DENZIN, N. K., LINCOLN, Y. S. *O Planejamento da Pesquisa Qualitativa: Teorias e Abordagens.* Porto Alegre. Editora Penso, 2006.

DUO, S., SONG, L. X. *An E-learning System based on Affective Computing.* International Conference on Applied Physics and Industrial Engineering, Yang Zhou University, China, 2012.

EKMAN, P. *Basic Emotions.* Em DALGLEISH, T.; POWER, T. (Eds.). *The Handbook of Cognition and Emotion.* Sussex, U. K. John Wiley & Sons, Ltd. 1999.

ELMASRI, R., NAVATHE, S. B. *Sistemas de Banco de Dados.* São Paulo: Ed. Pearson Addison Wesley, 2011.

ENGELBRECHT, A. M., DILERMANDO, P. J., NAKAMITI, G. S., BIANCHI, F. Algoritmos e Programação de Computadores. Editora Campus, São Paulo, 2012.

FALKEMBACH, G. A. M.; AMORETTI, M. S. M.; TAROUCO, L. R. *Aprendizagem de Algoritmos: Uso da Estratégia Ascendente de Resolução de Problemas.* 8º Taller Internacional de Software Educativo. Santiago - Chile. 2003.

FARRELL, J. *Lógica e Design de Programação.* São Paulo: Editora Cengage, 2010.

FAYYAD, U., PIATESTKY-SHAPIRO, G., SMYTH, P. *From Data Mining to Knowledge Discovery in Databases.* AI Magazine: AAAI, 1996.

GERRING, J. *Case Study Research: Principles and Practices.* Cambridge University Press. USA. 2006.

GOLDSCHMIDT, R.; PASSOS, E. L. *Data mining: um guia prático: conceitos, técnicas, ferramentas, orientações e aplicações.* São Paulo: Elsevier, 2005.

GOMES, A. HENRIQUES, J. MENDES, A. J. *Uma proposta para ajudar alunos com dificuldades na aprendizagem inicial de programação de computadores.* Centro de Informática e Sistemas da Universidade de Coimbra: Educação, Formação & Tecnologias, 2008.

GOMES, C. C. C., LIMA, D. H. S., RIBEIRO, R. P., ALMEIDA, E. S. E BRITO, P. H. S. *Uma Proposta para Auxiliar Alunos e Professores no Ensino de Programação: O Ambiente AIIP.* Anais WEC. Aracaju, 2011.

GONÇALVES, R. A. M., CUEVA, D. R., BARRETTO, M. R. P., COZMAN, F. G. *A model for inference of emotional state based on facial expressions.* The Brazilian Computer Society. São Paulo. Springer. 2012.

GRAF, S. *Adaptivity in Learning Management Systems Focussing on Learning Styles.* Ph.D Thesis, Viena University of Technology, 2007

HAN, J.; KAMBER, M. *Data Mining: Concepts e Techniques.* 2nd ed. San Francisco: Morgan Kaufmann Publishers / Elsevier, 2006.

HENNESSY, J. L.; PATTERSON, D. A. *Organização e Projeto de Computadores – A interface Hardware / Software.* 2ª Ed. Rio de Janeiro, LTC Editora, 2000.

HONE, K. *Empathic agents to reduce user frustration: The effects of varying agent characteristics.* Elsevier: Kingston-UK, 2006.

HOQUE, M. E., MCDUFF, D. J., PICARD, R. W. *Exploring Temporal Patterns in Classifying Frustrated and Delighted Smiles.* IEEE Transactions on Affective Computing, V. 3. MIT Media Lab, Cambridge, USA. 2012.

HOSTINS, H., RAABE, A. L. A. *Auxiliando a Aprendizagem de Algoritmos com a Ferramenta Webportugol.* XV WEI – Workshop sobre Educação em Computação. Rio de Janeiro. 2007.

IEPSEN, E. F., BERCHT, M., REATEGUI, E. *Persona-Algo: Personalização dos Exercícios de Algoritmos auxiliados por um Agente Afetivo.* Anais do SBIE, João Pessoa, 2010.

_____. *Detecção e Tratamento do Estado Afetivo Frustração do Aluno na Disciplina de Algoritmos.* Anais do SBIE, Aracaju, 2011.

INEP - Instituto Nacional de Estudos e Pesquisas Educacionais. Em http://www.inep.gov.br/imprensa/noticias/censo/superior/news09_05.htm (2009). (20 Julho 2010).

INHELDER, B., BOVET, M., SINCLAIR, H. *Aprendizagens e estruturas do conhecimento.* São Paulo. Editora Saraiva. 1977.

I-TECH, Technical Implementation Guide. *Guidelines for Pre- and Post-Testing.* University of Washington. Seattle, Washington. USA. 2008.

JAQUES, P. A., NUNES, M. A. S. N. *Ambientes Inteligentes de Aprendizagem que inferem, expressam e possuem emoções e personalidade.* JAIE. Rio de Janeiro, 2012.

JAQUES, P. A., VICCARI, R. M. *Considering Student's Emotions in Computer-Mediated Learning Environments.* In: Zongmin Ma. (Org.). Web-based Intelligent e-Learning Systems: Technologies and Applications. Hershey: Information Science Publishing, 2005.

_____. *Estado da Arte em Ambientes Inteligentes de Aprendizagem que Consideram a Afetividade do Aluno.* Revista Informática na educação, UFRGS: Porto Alegre, v. 8, n. 1, p. 15-38, 2005.

JENKINS, T. *On the difficulty of learning to program.* Proceedings of the 3rd Annual Conference of the LTSN Centre for Information and Computer Sciences. University of Leeds. UK. 2002.

JESUS, E. A., RAABE, A. L. A. *Interpretações da Taxonomia de Bloom no Contexto da Programação Introdutória.* Anais do XX Simpósio Brasileiro de Informática na Educação. 2009

KAMPFF, A. J. C. *Mineração de Dados Educacionais para a Geração de Alertas em Ambientes Virtuais de Aprendizagem como Apoio a Prática Docente.* PPGIE / UFRGS. Tese de Doutorado. Porto Alegre, 2009.

KAPOOR, A., BURLESON, W., PICARD, R.W. *Automatic prediction of frustration.* Human-Computer Studies. Elsevier. Redmond – USA, 2007, p. 724–736.

KLEIN, J., MOON, Y., PICARD, R. *This computer responds to user frustration: Theory, design, and results.* Somerville, USA: Elsevier, 2002.

KNUTH, D. E. *The art of computer programming.* v.1 Reading, MA: Addisson-Wesley, 1968.

KOPECEK, I. *Emotions and Prosody in Dialogues: An Algebraic Approach Based on User Modelling.* In: ISCA Workshop on Speech and Emotions. Proceedings. Belfast: ISCA, 2000, p. 184-189.

LANKSHEAR, C., KNOBEL, M. *Pesquisa Pedagógica: Do Projeto à Implementação.* Porto Alegre. Editora Artmed, 2008.

LAUDON K., LAUDON, J. *Sistemas de Informação Gerenciais,* Editora Pearson, São Paulo: 2011

LAWSON, P. R. *Frustration: The development of a scientific concept.* New York, USA: Macmillan, 1965

LONGARAY, A. N. C., BEHAR, P. A., LONGHI, M. T. *Afetividade em um ambiente virtual de aprendizagem: um estudo sobre os indicadores pedagógico.* XXIII SBIE. Rio de Janeiro, 2012.

LONGHI, M. T., BEHAR, P. A., BERCHT, M. *A busca pela dimensão afetiva em ambientes virtuais de aprendizagem.* Em BEHAR, P. A. e Cols. *Modelos Pedagógicos em Educação a Distância.* Editora Artmed. Porto Alegre, 2009.

LONGHI, M. T., BERCHT, M., BEHAR, P.A. *AnimA: Protótipo para Reconhecimento dos Estados de Ânimo no Processo de Aprendizagem.* PPGIE – UFRGS, Porto Alegre, 2008.

LONGHI, M. T. , REATEGUI, E. B., BERCHT, M., BEHAR, P. A. *Um estudo sobre os Fenômenos Afetivos e Cognitivos em Interfaces para Softwares Educativos.* PPGIE – UFRGS, Porto Alegre, 2007

LONGHI, M. T; NEDEL, L. P.; NEIDEL, L.P.; VICARI, R. M.; AXT, M. *Especificação e interpretação de gestos faciais em um agente inteligente e comunicativo.* In: SBC Symposium on Virtual Reality: São Paulo, 2004.

LONGHI, M. T. *Mapeamento de aspectos afetivos em um ambiente virtual de aprendizagem.* PPGIE / UFRGS. Tese de Doutorado. Porto Alegre, 2011.

LOPES, A.; GARCIA, G. *Introdução a Programação - 500 Algoritmos Resolvidos.* Editora Campus. São Paulo, 2002.

LUCAS, R.W., MULLEN, P.J., LUNA, C.B.X., MCINROY, D.C. *Psychiatrists and a computer as interrogators of patients with alcohol-related illness: a comparison.* British Journal of Psychiat, 1977.

MARAVALLE, M.; SIMEONE, B.; NALDINI, R. *Clustering on Trees.* Computional Statistics & Data Analysis. La Sapienza University, Rome: Italy. 1997.

MARTIN, J.C., DMELLO S., GRAESSER, A., SCHULLER, B. *Affective Computing and Intelligent Interaction.* Springer. Memphis, USA. 2011.

MEC – Ministério da Educação apud Folha. 2010. *Matemática e ciências da computação têm alta taxa de abandono* Disponível em http://www1.folha.uol.com.br/folha/educacao/ult305u546576.shtml. (08 Julho 2010).

MEDINA, M., FERTIG, C. *Algoritmos e Programação: Teoria e Prática.* São Paulo: Editora Novatec, 2006.

MENTIS, H.M., GRAY, G.K. *Using touchpad pressure to detect negative affect.* IEEE International Conference on Multimodal Interfaces, 2002.

MIRANDA, L. C., SAMPAIO, F. F., BORGES, J. A. S. *ProgrameFácil: Ambiente de Programação Visual para o Kit de Robótica Educacional RoboFácil.* Anais do SBIE, São Paulo, 2007.

MOURA, C. F. *Reação à frustração: construção e validação da medida e proposta de um perfil de reação.* Instituto de Psicologia - Universidade de Brasília. Tese de Doutorado. 2008

NETO, F. A. A., CASTRO, T. H. C., JÚNIOR, A. N. C. *Utilizando o Método Clínico. Piagetiano para Acompanhar a Aprendizagem de Programação.* Anais do SBIE, Brasília, 2006.

NETO, W. C. B., SHUVARTZ, A. A. *Ferramenta Computacional de Apoio ao Processo de Ensino-Aprendizagem dos Fundamentos de Programação de Computadores.* Anais do SBIE, São Paulo, 2007.

OLIVEIRA, E. ; JAQUES, P.A. *Inferindo as emoções do usuário pela face através de um sistema psicológico de codificação facial.* In: Simpósio Brasileiro sobre Fatores Humanos em Sistemas Computacionais, Porto Alegre. SBC/ACM, 2008, p. 156-165.

PAIVA, A.; CASTELLANO, G.; LEITE, I.; PEREIRA, A.; MARTINHO, C.; MCOWAN, P.W. *Affect recognition for interactive companions: challenges and design in real world scenarios.* J Multimodal User Interfaces. London, UK. Springer, 2010

PELACHAUD, C. *Studies on Gesture Expressivity for a Virtual Agent.* IUT de Montreuil, Universit´e de Paris 8. Mirages project, INRIA-Rocquencourt, 2009.

PEREIRA JÚNIOR, J. C. R., RAPKIEWICZ, C. E. *O Processo de Ensino-Aprendizagem de Fundamentos de Programação: Uma Visão Crítica da Pesquisa no Brasil.* Anais do XII Workshop sobre Educação em Computação (SBC). 2004

PIAGET, J. *Inteligencia Y afectividad.* Buenos Aires: Editora AIQUE. 2005.

PICARD, R. W. *Affective Computing.* Cambridge: MIT Press. USA, 1997.

_____. *Affective Computing: Challenges.* Internacional Journal of Human-Computer Studies, 2003.

_____. *What Does It Mean for a Computer to "Have" Emotions?* In TRAPPL, R., PETTA, P., PAYR, S. (Ed). Emotions in Humans and Artifacts. Bradford Books. USA. 2003.

PICARD, R. W., DAILY, S. B. *Evaluating affective interactions: Alternatives to asking what users feel,* MIT Media Laboratory: Cambridge, MA. USA, 2008

PICARD, R.W.; PAPERT, S.; BENDER, W.; BLUMBERG, B.; BREAZEAL, C.; CAVALLO, D.; MACHOVER, T.; RESNICK, M.; ROY, D.; STROHECKER, C. *Affective learning — a manifesto.* BT Technology Journal, 2004.

PIO, J. L. S., CASTRO, T. H. C., JÚNIOR A. N. C. *A Robótica Móvel como Instrumento de Apoio à Aprendizagem de Computação.* Anais do SBIE, Brasília, 2006.

PIVA JR., D., FREITAS, R. L. *Estratégias para melhorar os processos de Abstração na disciplina de Algoritmos.* Anais do SBIE, João Pessoa, 2010.

POUR, P. A., CALVO, R. *Towards a Generic Framework for Automatic Measurements of Web Usability Using Affective Computing Techniques.* University of Sydney, Australia. Springer-Verlag Berlin Heidelberg. 2011

PITEIRA, M., COSTA, C. *Computer programming and novice programmers.* Proceedings of the Workshop on Information Systems and Design of Communication. ACM New York, USA, 2012.

QI, Y., REYNOLDS, C. J., PICARD, R.W. *The Bayes point machine for computer user frustration detection via pressure mouse.* Proceedings From the Workshop on Perceptive User Interface, 2001.

RAABE, A. L. A, SILVA, J. M. C. *Um Ambiente para Atendimento as Dificuldades de Aprendizagem de Algoritmos.* XIII WEI – Workshop sobre Educação em Computação. São Leopoldo. 2005.

RAJENDRAN, R. *Automatic Identification of Affective States Using Student Log Data in ITS.* Bombay, India. Springer-Verlag Berlin Heidelberg. 2011.

RAPKIEWICZ, C. E., FALKEMBACH, G., SEIXAS, L., ROSA, N. S., CUNHA, V. V., KLEMANN, M. *Estratégias Pedagógicas no Ensino de Algoritmos e Programação Associadas ao Uso de Jogos Educacionais.* Novas Tecnologias na Educação. CINTED-UFRGS. 2006

REBOUÇAS, A. D. D. S, MARQUES, D. L., COSTA, L. F. S. C. E SILVA, M. A. A. *Aprendendo a Ensinar Programação Combinando Jogos e Python*. Anais do SBIE. João Pessoa, 2010.

REN, F., QUAN, C. *Linguistic-based emotion analysis and recognition for measuring consumer satisfaction: an application of affective computing*. Information Technology and Management. University of Tokushima, Japan. 2012.

REYNOLDS, C. J. *The Sensing and Measurement of Frustration with Computers*. Massachusetts Institute of Technology, University of Washington, USA. 2001

RIBEIRO, R. S., BRANDÃO, L. O., BRANDÃO, A. A. F. *Uma visão do cenário Nacional do Ensino de Algoritmos e Programação: uma proposta baseada no Paradigma de Programação Visual*. Anais do SBIE. Rio de Janeiro, 2012.

ROBINSON, R., WEST, R.. *A comparison of computer and questionnaire methods of history-taking in a genito-urinary clinic*. Psychology and Health, 1992.

RODRIGO, M. M. T.; BAKER, R. S. J. *Coarse-Grained Detection of Student Frustration in an Introductory Programming Course*. ICER'09, Berkeley, California, USA, 2009.

ROSENZWEIG, S. *Types of Reaction to Frustration*. The Journal of Abnormal and Social Psychology. American Psychological Association. 1934.

SCHANK, R., NEAMAN, A. *Motivation and failure in educational systems design*. In: Forbus, K., Feltovich, P. (Eds.), Smart Machines in Education. AAAI Press and MIT Press, Cambridge, MA. 2001.

SEDGEWICK R., WAYNE, K. *Algorithms*. Pearson Education. Boston, MA. USA. 2011.

SERPRO. 2009. *Apagão de mão-de-obra na área de TI*. Disponível em https://www2.gestao.presidencia.serpro.gov.br/secom/folder_noticias/2007/11/ti21novlg. (20 Julho 2010).

SIROTHEAU, S., BRITO, S. R., SILVA, A. S., ELIASQUEVICI, M. K., FAVERO, E. L., TAVARES, O. L. *Aprendizagem de iniciantes em Algoritmos e programação: foco nas competências de autoavaliação*. Anais do XXII SBIE - XVII WIE. Aracaju, 2011.

SMITH, C. A. *A functional perspective on emotion elicitation: Some considerations for the development of emotional architectures*. In: Hudlicka, E., Cañamero, L. (Eds). *Architectures for modeling emotion: Cross-disciplinary foundations*. AAAI Press, Menlo Park, CA. 2004.

126

SOUZA, M. A. F., GOMES, M.M., SOARES, M.V., CONCÍLIO, R. *Algoritmos e Lógica de Programação*. São Paulo: Cengage Learning, 2011.

STAKE, R. E. *Pesquisa Qualitativa: Estudando como as Coisas Funcionam*. Porto Alegre. Editora Penso. 2011.

STALLINGS, W. *Criptografia e segurança de redes*. São Paulo: Pearson, 2008.

STRAUSS, A., CORBIN, J. *Pesquisa Qualitativa: Técnicas e procedimentos para o desenvolvimento de teoria fundamentada*. Porto Alegre: Editora Penso. 2008.

TAN, P. H., TING, C.Y., LING, S.W. *Learning Difficulties in Programming Courses: Undergraduates' Perspective and Perception*. Proceedings of the 2009 International Conference on Computer Technology and Development. 2009.

TAN, P. N.; STEINBACH, M.; KUMAR, V. *Introdução ao Data Mining – Mineração de Dados*. Rio de Janeiro: Editora Ciência Moderna: São Paulo, 2009.

TAO, J. TAN, T. *Affective Computing: A Review*. Springer-Verlag. Chinese Academy of Sciences, Beijing. China, 2005

TIOBE. *TIOBE Programming Community Index*. Disponível em http://www.tiobe.com/index.php. (29 Abril 2011).

Tobar, C. M., Coello, J. M. A., Rosa, J. L. G., Pannain, R. *Uma Arquitetura de Ambiente Colaborativo para o Aprendizado de Programação*. Anais do SBIE, UFES – Vitória-ES, 2001.

VIANIN, P. *Estratégias de ajuda a alunos com dificuldades de aprendizagem*. Porto Alegre. Editora Penso, 2013.

WITTEN, I. H., FRANK, E., *Data mining: practical machine learning tools and techniques*. Editora Elsevier: San Francisco, CA. 2005.

WITTEN, I. H.; FANK, E.; HALL, M. A.; *Data mining: practical machine learning tools and techniques*.3rd Ed. Editora Elsevier: San Francisco, CA. 2011.

WOOLF, B.; BURLESON, W.; ARROYO, I.; DRAGON, T.; COOPER, D.; PICARD, R. *Affect-aware tutors: recognising and responding to student affect*. Department of Computer Science, University of Massachusetts. Amherst, USA, 2009.

YIN, R. K. *Estudo de Caso: Planejamento e Métodos*. 4ª Ed. Porto Alegre: Bookman, 2010.

ZABALA, A. *Como Trabalhar os Conteúdos Procedimentais em Aula*. Porto Alegre. Editora Artmed. 1999.

www.ingramcontent.com/pod-product-compliance
Lightning Source LLC
La Vergne TN
LVHW042337060326
832902LV00006B/223